TERAPIA COGNITIVA

COM CRIANÇAS E ADOLESCENTES

APORTES TÉCNICOS

E. BUNGE | M. GOMAR | J. MANDIL

TERAPIA COGNITIVA

COM CRIANÇAS E ADOLESCENTES

APORTES TÉCNICOS

3ª Edição

Terapia cognitiva com crianças e adolescentes - Aportes técnicos

3ª Edição

Diretor
Alcebino Santana

Direção de Arte
Tiago Rabello

Projeto Gráfico e diagramação
ERJ Composição Editorial

Revisão
Cristiane de Paula Finetti Souza

Capa
Artesã Editora

Ilustrações de capa
Liniers Y. P. Sapia

Elaborada por Bibliotecária Janaina Ramos – CRB-8/9166

B942t

Bunge, Eduardo

Terapia cognitiva com crianças e adolescentes: aportes técnicos / Eduardo Bunge, Martín Gomar, Javier Mandil; Ilustrações de Liniers Y P. Sapia; Prefácio de Akauito Elcino Moreira Teixeira; Apresentação de Circe Salcides Petersen. – 3. ed. – Belo Horizonte: Artesã, 2025.

400 p., il.; 17 X 24 cm

ISBN 978-85-7074-141-7

1. Terapia cognitiva. 2. Ansiedade. 3. Fobia. 4. Comportamento. 5. Criança. 6. Adolescente. I. Bunge, Eduardo. II. Gomar, Martín. III. Mandil, Javier. IV. Sapia, Liniers Y P. (Ilustração). V. Teixeira, Akauito Elcino Moreira (Prefácio). VI. Petersen, Circe Salcides (Apresentação). VII. Título.

CDD 616.8522

Índice para catálogo sistemático:

1. Terapia cognitiva - crianças e adolescentes

IMPRESSO NO BRASIL
Printed in Brazil

(31)2511-2040 (31)99403-2227
www.artesaeditora.com.br
Rua Rio Pomba 455, Carlos Prates – Cep: 30720-290 | Belo Horizonte – MG
/artesaeditora

AGRADECIMENTOS

Gostaríamos de agradecer muito, e em especial, à Liniers, pelas suas magníficas historinhas, que fazem desta obra uma ferramenta didática, divertida e adaptada ao nível evolutivo das crianças e adolescentes.

Àqueles que foram e são nossos professores: Sara Baringoltz, Marcelo Ceberio, Alejandra del Val, Pablo Gagliesi, Eduardo Keegan, Ricardo Levy, Ricardo Rodríguez Biglieri, Ernesto Wahlberg e Ruth Wilner.

Àqueles que nos ajudam a crescer na nossa profissão: Andrea Abadi, Maria Aggio, Graciela Damilano, Anabela Galiana, Nora Grañana, Sergio Grosman, Marcelo Kornberg, Silvia Mandil, Juan Manuel Maison Baibiene, Mauro Mascotena, Claudio Michanie, Celica Menéndez, Hebe Roimiser, Graciela Romano, Diego Sehinkman, Silvia Sofovich, José Zorrilla, os residentes em Saúde Mental do Hospital Elizalde, Tobar García e Ramos Mejía.

A Héctor Fernández Álvarez, pelas suas inesgotáveis contribuições à psicoterapia na Argentina.

Aos nossos queridos amigos e colegas Juan Pablo Boggiano, Cristian Garay e Guido Korman.

A todos os nossos pacientes.

À Editorial Akadia, por confiar em nós.

A Pablo Sapía, pelo seu profissionalismo e criatividade.

A Estefanía Millán, Valeria Quiroga e Victoria Soler, pela inesgotável paciência e apoio afetivo que nos ofereceram durante todo este tempo.

E àqueles que permitiram, colaboraram e nos estimularam para que isto fosse possível, às nossas famílias, a Florencia Petersen, Lorena Grinberg, Mariano Tirigall, Teresa Millán, Carlos Grimm, a equipe de I.C.I.D e a muitos outros mais.

SOBRE OS AUTORES

Eduardo Bunge, diretor da Fundação Equipe de Terapia Cognitiva Infanto-Juvenil (ETCI). Diretor de Pós-graduação de Formação em Psicoterapias Cognitivas, Colégio de Psicólogos da Província de Buenos Aires, Distrito XV. Professor a cargo de Psicologia Clínica: Crianças e Adolescentes, Universidad Favaloro. Docente convidado do Curso de Pós-graduação de Terapia Cognitiva, Fundação Foro e Centro Argentino de Terapia Racional Emotiva (C.A.T.R.E.C.). Sócio da Associação Argentina AATC.

Martín Gomar, diretor da Fundação Equipe de Terapia Cognitiva Infanto-Juvenil (ETCI). Docente convidado do Curso de Pós-graduação de Terapia Cognitiva, Fundação Foro, da Pós-graduação de Formação em Psicoterapias Cognitivas e do Colégio de Psicólogos da Província de Buenos Aires, Distrito XV. Sócio da AATC e Sócio da Associação Latinoamericana de Psicoterapias Cognitivas (ALAPCO). Ex-presidente do Hospital Infanto-Juvenil Dra. Carolina Tobar García. Graduado com diploma de honra da Universidade de Buenos Aires.

Javier Mandil, diretor da Fundação Equipe de Terapia Cognitiva Infanto-Juvenil (ETCI). Docente convidado do Curso de Pós-graduação de Terapia Cognitiva, Fundação Foro da Escola Sistémica Argentina, da Pós-graduação de Formação em Psicoterapias Cognitivas, Colégio de Psicólogos da Província de Buenos Aires, Distrito XV e da Universidade de Flores. Sócio da AATC. Sócio da Associação Latino-americana de Psicoterapias Cognitivas (ALAPCO). Ex-residente do serviço de saúde mental do Hospital Pedro Elizalde. Docente a cargo da Clínica Sistémica na Universidad Favaloro.

Os compiladores são autores do Manual de Terapia Cognitiva Comportamental com Crianças e Adolescentes, 2010. Editorial Polemos.

Fundação Equipe de Terapia Cognitiva Infanto Juvenil (ETCI): www.etci.com.ar

Para entrar em contato ou obter informação sobre as atividades da Fundação ETCI: info@etci.com.ar.

O livro de Eduardo, Javier e Martín oferece ao leitor brasileiro um trabalho exemplar de terapeutas criativos e sensíveis. Os autores conseguem traduzir, utilizando-se de inúmeras metáforas e situações concretas, os diferentes conceitos em terapia cognitiva. Com seu jeito brincalhão, sugerem diferentes técnicas de aproximação ao universo infantil sem deixar de estar amparados sobre os sólidos alicerces dos estudos baseados em evidências.

Esta obra está disponível em todos os países da América do Sul, além de Panamá, Porto Rico e Espanha. Finalmente chega ao Brasil para nos brindar com uma excelente contribuição à produção em TCC infantojuvenil.

É uma honra apresentar esta obra ao público brasileiro, pois sem dúvida ela será leitura obrigatória para os terapeutas interessados na TCC infantil no Brasil também.

A obra enfatiza as técnicas de intervenção e apresenta os quadros mais frequentes na clínica infantil, observando as comorbidades comuns. Sugere módulos de intervenção levando em conta a subjetividade de cada pequeno paciente, sua família e seus contextos.

Os autores são muito bem humorados e trazem o colorido alegre e típico dos latino-americanos e certamente, mesmo com as diferenças transculturais, muito sintonizados com a cultura brasileira. Eles personificam as boas qualidades desejáveis para um terapeuta de crianças: alegria, compromisso, seriedade, sensibilidade, dedicação e gostar de brincar.

A obra apresenta diferentes exemplos clínicos permitindo que terapeutas em formação possam ter aprendizagens vívidas, a partir da vasta experiência dos colegas argentinos. Ainda remete o leitor à produção internacional, orientando o seguimento da leitura por tema. O livro é atual, de agradável leitura, complexo e ao mesmo tempo simples. Esta grande contribuição de Eduardo, Javier e Martín torna de fácil compreensão as vicissitudes da clínica infantil, que sem dúvida apresenta-se como a faixa etária mais desafiadora para intervenções efetivas.

Os terapeutas infantis têm o desafio de propiciar intervenções precoces, sobrepujando as adversidades ambientais, a superposição das tarefas desenvolvimentais para um melhor devir de pessoas em desenvolvimento. Terapeutas de crianças transitam em diferentes cenários e suas intervenções devem contemplar os diferentes sistemas que envolvem a criança em sua bioecologia. Os autores levam em conta esta premissa e chamam a atenção para a importância da inclusão da família e escola no planejamento de tratamento, além do uso de ambientes externos ao consultório, para intervenção.

Não podemos esquecer que as falhas terapêuticas nesta fase do desenvolvimento são fatores de risco para a cronificação de quadros e ao mesmo tempo para o aparecimento de comorbidades. Sirva a prática destes autores de modelo para intervenções efetivas associadas a um firme compromisso com a atualização, com o alinhamento entre intervenção clínica e resultados de pesquisas que retroalimentam a TCC.

Desejo a todos uma boa leitura e que aproveitem as luzes que esta obra poderá lançar sobre a sua prática.

Circe Salcides Petersen
Dra. em Psicologia do Desenvolvimento UFRGS
Pesquisadora Posdoc UFRGS
Diretora de Ensino Projecto

PRÓLOGO 3ª EDIÇÃO

Um livro com proposta teórico-prática possui uma enorme importância na carreira de psicólogos iniciantes ou experientes. Como resultado desse reconhecimento, vemos esta importante obra alcançar sua terceira edição, atendendo às demandas por um material com sólido embasamento teórico, fácil compreensão e aplicabilidade prática.

Nesse sentido, a Terapia Cognitivo-Comportamental (TCC), amplamente reconhecida no Brasil e no mundo, tem se consolidado como uma ferramenta essencial no tratamento de diversas condições e transtornos em diversas faixas etárias e contextos. O embasamento científico das intervenções apresentadas neste livro, que segue a TCC como referencial teórico, é resultado de uma ampla revisão da literatura pertinente ao tema e da vasta experiência clínica dos autores.

Ao ter acesso a este material, a (o) psicóloga (o) pode, inicialmente, aprofundar seus conhecimentos sobre terapia cognitiva e desenvolvimento humano nos capítulos teóricos, e posteriormente, encontrar um excelente suporte para suas intervenções no contexto clínico.

Contudo, tanto o embasamento teórico quanto a criatividade e flexibilidade do usuário deste material devem ser pré-requisitos para sua utilização. Isso se deve ao fato de que, por mais didática que seja sua leitura, a aplicação das técnicas aqui descritas, em crianças e adolescentes, será mais eficaz se o psicólogo souber adaptá-las ao paciente e ao contexto específico em que ele se encontra. Além disso, é importante complementar as sugestões apresentadas aqui com vídeos, jogos, fotos, experiências criadas no setting terapêutico e outras possibilidades.

Da mesma forma, ao orientar os pais, a (o) psicóloga (o) deve se atentar para expressar uma postura segura e empática na aplicação das técnicas.

Feitos esses comentários, desejo uma excelente leitura e um trabalho profícuo.

Akauito Elcino Moreira Teixeira
Psicólogo Clínico CRP 04/43900
Especialista em Avaliação Psicológica e
Psicodiagnóstico – PUC –Minas
Mestre em Ensino – PUC – Minas

PRÓLOGO 2ª EDIÇÃO

A primeira reação que experimentamos ao receber um livro sobre terapia cognitiva com crianças e adolescentes é uma grande expectativa. É tão escasso o material disponível sobre esta questão que esperamos muito do texto. Ficamos exigentes. Por sorte, os autores desta obra respondem a essa exigência amplamente, não somente pelo conteúdo que apresentam e o leque de situações clínicas que abordam, mas, muito especialmente, pela parcela de criatividade pouco usual com que generosamente construíram o livro.

O que esperamos de um texto com este título? Que nos forneça mapas que sirvam de orientação para a tarefa do dia a dia, que nos dê pistas para a escolha dos procedimentos adequados para cada caso. Os desenvolvimentos em psicoterapia ainda continuam focados na população adulta e, portanto, o terapeuta que trabalha com crianças e adolescentes é ávido por encontrar novos recursos. Sabe, porque é um lugar comum, que não é razoável esperar instrutivos fáceis nem indicações para realizar passes mágicos com os seus pacientes, mas, sinceramente, espera algumas dicas. Os autores nos oferecem uma coleção variada e colorida de princípios, fórmulas e prescrições de grande utilidade para muitas das condições clínicas mais frequentes na prática de todos os dias.

Mas o texto não começa ali, nas indicações. Inicia-se com uma apresentação conceitual e, ao avançar, poderemos constatar que esse início não é uma mera reiteração da passagem entre a teoria e a prática, mas uma colocação no ponto das noções básicas que são necessárias para que a prática (onde está o valor agregado da obra) tenha o marco adequado. Justamente por isso essa introdução é sintética, atualizada e panorâmica. É uma janela por meio da qual podemos ver com clareza que as intenções do livro não apontam somente os terapeutas, mas que é destinado também aos consultores, tanto no aspecto psicoeducacional amplo quanto em fornecer meios que sirvam para buscar as soluções.

De acordo com a tendência que domina nesta área, os pais e familiares são chamados à cena terapêutica para compartilhar uma tarefa que cabe a todos os envolvidos. Entretanto, nem por isso as crianças e adolescentes deixam de estar no centro das intervenções. Ali reside uma das melhores virtudes da obra, um alcançado equilíbrio entre os numerosos procedimentos expostos para ajudar àqueles que sofrem de medos e ansiedades, enfrentam dificuldades com os seus estados de ânimo ou se veem envolvidos em persistentes problemas de conduta, sem deixar de lado o âmbito sistêmico natural em que se desenvolvem essas perturbações.

No corpo central da obra, coloca-se à disposição dos leitores uma extensa variedade de ferramentas que são de grande utilidade no curso da terapia, tanto para que os terapeutas possam orientar as suas aplicações, quanto para que os consultantes disponham de métodos concretos na busca das soluções. Há três notas sobressalentes nessa apresentação. Em primeiro lugar, os exercícios são pensados para operar com um espírito de colaboração antes do que instrução, o que certamente ajudará a cimentar a relação terapêutica. Em segundo lugar, constituem um menu rico e delicado, elaborado com abundante imaginação (com a permissão da Academia o Encontro Saboroso). Além disso, e no que acho que é um mérito especial desta obra, a medida que progredimos na leitura, percebemos que as ferramentas expostas e as sugestões para o seu emprego emergem a partir da experiência clínica dos autores. Isso confere-lhe uma peculiar validade e obriga a sentir um merecido reconhecimento por Bunge, Gomar e Mandil, por ter tido a disposição de compartilhar os seus instrumentos com a comunidade profissional.

O final do livro atualiza o encerramento da terapia. É breve, mas nem por isso é pouco importante, contém as adequadas recomendações que todo terapeuta cognitivo deve seguir quando se aproxima a conclusão de um tratamento. Nesse interesse pelo acompanhamento afirma-se uma vocação preventiva que esteve presente ao longo de toda a obra. Os textos e desenhos de algumas crianças estão ali para nos despedir nesse momento, o "mais lindo e divertido". E encerramos o livro com um sorriso.

Dr. Héctor Fernández Álvarez
Fundação Aiglé
Bs. As. Argentina

PRÓLOGO 1ª EDIÇÃO

O grande desafio dos terapeutas é trabalhar com crianças e adolescentes. Com os pacientes adultos assume-se como natural a importância da comunicação verbal em psicoterapia e, ainda que se disponha de outros recursos, não há dúvida de que o diálogo constitui uma ferramenta privilegiada. Entretanto, com as crianças, este tipo de relação, baseada na palavra, é insuficiente e pouco adequada para estabelecer um vínculo empático que permita que o processo psicoterapêutico ocorra. Há décadas, os terapeutas de crianças buscavam outra via de acesso ao mundo infantil, e a encontraram na brincadeira. Esta atividade, protagonista desta etapa evolutiva, constituiu o meio ideal para decifrar o simbolismo por meio do qual a criança expressa os seus pensamentos e emoções. O terapeuta precisa treinar na utilização desta linguagem compartilhada, de tal modo que as suas intervenções se desenvolvam na brincadeira em si.

Os terapeutas que trabalham com adolescentes geralmente encontram dificuldades quando tentam tratar os mesmos como crianças ou como adultos, tendo que apelar a múltiplos recursos conhecidos ou inventados para encontrar a porta de acesso a cada paciente na complexidade destas idades. Às vezes também encontram adolescentes que têm dificuldade em falar ou que têm uma atitude negativa caracterizada pelo silêncio, o qual torna as entrevistas tediosas e difíceis de sustentar. Nós, os terapeutas, sabemos que para poder trabalhar nestes casos devemos apelar à nossa criatividade, atualização de códigos típicos e habilidade pessoal empática.

É evidente que existe uma carência bibliográfica que atenda a necessidade dos terapeutas de encontrar ferramentas funcionais para estas idades. A Terapia Cognitiva é um enfoque contemporâneo que aparece com uma enorme diversidade técnica para o tratamento de adultos. Entretanto, o aporte neste sentido para abordar o tratamento de crianças e adolescentes é bastante escasso.

Este livro aparece como uma resposta às inquietações dos profissionais que clamam por dispor de ferramentas atraentes, úteis e valiosas para esta faixa evolutiva. A proposta desenvolve-se em um contexto no qual o humor é o protagonista, o qual facilita que a terapeuta e o paciente fiquem presos em tarefas extremamente divertidas.

A originalidade do uso de: historinhas, narrações, gráficos, frases incompletas, metáforas, *role-playing* etc., oferece a oportunidade de trabalhar fluidamente diversas problemáticas. As diferentes partes do livro permitem descobrir técnicas para os três objetivos mais importantes de uma terapia: "compreender o problema", "solucionar o problema" e "manter as soluções".

O profissional pode apelar a estas ferramentas de outro modo: utilizando-as do modo que os autores as aplicam, fornecendo à criança ou adolescente fichas para trabalhar na sessão ou fora dela, ou dando ideias próprias inspiradas nos exemplos do texto. O objetivo é que os terapeutas possam selecionar, dentre a variedade de técnicas oferecidas, aquelas mais funcionais para o desenho terapêutico que estiverem manejando, considerando desde já a particularidade de cada paciente. É importante também que o profissional respeite o seu próprio estilo pessoal e que escolha as técnicas que considerar úteis e apropriadas para a sua modalidade de trabalho para serem usadas com conforto e convencido da sua funcionalidade.

Cabe destacar também a importância dada ao trabalho com os pais e/ou familiares, já que esta variável constitui outro grande desafio para os profissionais que se dedicam a estas idades. É fundamental que o contexto familiar possa colaborar com os objetivos do tratamento, na forma de uma equipe.

Em psicoterapia dispomos de um arsenal bibliográfico de teorias, e de poucas obras sobre como se trabalha concretamente na clínica. Os autores deste livro oferecem um valioso aporte, já que, a partir de suas experiências, compartilham com o leitor técnicas que fizeram com que tivessem resultados úteis e que conceitualizaram e desenvolveram segundo suas próprias palavras: "de forma mais didática, amena e adaptada ao nosso contexto cultural".

Considero este texto uma iniciativa interessante e útil, que planta novas possibilidades técnicas para a difícil e indispensável tarefa de ajudar as crianças e adolescentes que sofrem e precisam de nós, os psicoterapeutas.

Lic. Sara Baringoltz
Diretora do Centro de Terapia Cognitiva
Bs. As. Argentina

SUMÁRIO

CAPÍTULO 1

INTRODUÇÃO

O livro a seguir é direcionado a profissionais que trabalham com crianças e adolescentes que desejam familiarizar-se no **manejo das técnicas cognitivo comportamentais** e para aqueles que desejam ampliar e diversificar o seu repertório de ferramentas clínicas. Portanto enfatiza-se a prática acima da teoria.

Aponta para complementar o trabalho dos terapeutas que baseiam as suas intervenções em tratamentos de **base empírica**.

Conta com uma seção TEÓRICA e outra PRÁTICA.

Seção teórica:

Direcionada exclusivamente aos profissionais. Detalham-se particularidades da terapia cognitivo comportamental com crianças e adolescentes, uma síntese sobre [illegible] [illegible]

Seção Prática:

Direcionada ao trabalho do terapeuta com o paciente e seus pais. Apresenta-se uma série de **Técnicas e Fichas de Trabalho** [illegible] [illegible]

Divide-se em três **partes**: [illegible] **"Compreendendo o problema", "Solucionar o problema" e "Manter as soluções".**

Primeira parte:

"Compreendendo o problema" [illegible]

Segunda parte:

"Solucionar o problema" [illegible] **"Medos e ansiedades", "Estado de ânimo" e "Problemas de conduta".**

[illegible] **medos e ansiedades** [illegible]

O livro a seguir é direcionado a profissionais que trabalham com crianças e adolescentes que desejam familiarizar-se no **manejo das técnicas cognitivo comportamentais** e para aqueles que desejam ampliar e diversificar o seu repertório de ferramentas clínicas. Por isso, enfatiza-se a prática acima da teoria.

Aponta para complementar o trabalho dos terapeutas que baseiam as suas intervenções em tratamentos de **base empírica**.

Conta com uma seção TEÓRICA e outra PRÁTICA.

Seção teórica:

Direcionada exclusivamente aos profissionais. Detalham-se particularidades da clínica cognitiva comportamental com crianças e adolescentes e uma síntese sobre o estado da arte dos tratamentos validados pelos principais transtornos: ansiedade, depressão e problemas de conduta.

Seção Prática:

Direcionada ao trabalho do terapeuta com os pacientes e seus pais. Apresenta-se uma série de **Técnicas e Fichas de Trabalho** baseada em gráficos, metáforas e historinhas para realizar uma adequada conceituação do caso, reforçar o trabalho psicoeducional com o paciente por meio de uma linguagem adaptada ao seu nível evolutivo, e para o desenvolvimento e treinamento em habilidades necessárias para obter as mudanças terapêuticas.

Divide-se em **três partes**, que por sua vez são os principais objetivos da obra: "**Compreender o problema**", "**Solucionar o problema**" e "**Manter as soluções**".

Primeira parte:

"Compreender o problema" pode ser utilizada com qualquer paciente e está focada em fomentar a compreensão pelas crianças sobre quais fatores intervêm ou influenciam no seu mal-estar e como estes interagem entre si. Aqui desenvolve-se o papel dos pensamentos, as emoções, os comportamentos, os fatores ambientais e fisiológicos; as crenças, os esquemas e as distorções cognitivas ou erros de pensamento.

Segunda parte:

"Solucionar o problema" divide-se por sua vez em três grandes áreas: "**Medos e ansiedades**", "**Estado e ânimo**" e "**Problemas de conduta**".

1. A seção dedicada a "Combater" **os medos e ansiedades** explica em que consiste "a ansiedade", exemplifica de forma gráfica os fatores que intervêm no seu aumento (superestimar os perigos e subestimar os recursos) e os fatores que a

mantém (o papel das condutas evitativas e de segurança). Depois transmite-se como produzir mudanças em cada um deles, por meio de registros de pensamentos adaptados às crianças, metáforas de "leões e caçadores", "o conto do cachorro", os ensinamentos do "mestre ninja" para as técnicas de relaxamento e o "mestre karateca" para realçar a hierarquia das exposições.

2. A seção dedicada ao trabalho com as dificuldades do **estado do ânimo** explica em que consistem estes problemas e depois detalha diversas técnicas para superá-los. As atividades agradáveis, o termômetro do ânimo, a relação entre realizar atividades agradáveis e se sentir melhor, "malhar com a tristeza", "os espirais emocionais", a metáfora do detetive para questionar o pensamentos automáticos negativos, o gráfico de pizza, historinhas, desempenhar o papel do psicólogo, como resolver problemas, habilidades sociais e de comunicação.

3. A seção destinada aos **problemas de conduta** foca em dificuldades características das crianças com estes transtornos, como avaliar alternativas de ação e estilos de comunicação interpessoal. A partir de exercícios como "os ensinamentos do mestre buda", a resolução de problemas, a técnica do semáforo para "parar, pensar e atuar", os contratos e a "limpeza dos óculos espelhados", aponta-se a incentivar o pequeno no exercício de diversas capacidades para controlar a sua conduta.

Terceira parte:

Na seção correspondente a **"manter as soluções"**, aponta-se a reforçar os sucessos alcançados e lavram-se certificados e/ou diplomas. Realizam-se atividades nas quais o paciente consolida o que foi aprendido por meio de contos, propagandas, desenhos ou atuações, onde pode explicar às crianças como superar as dificuldades que ela superou; quais coisas deveria continuar realizando e quais coisas não deveria fazer para manter o que já alcançou (vide figura nº 1).

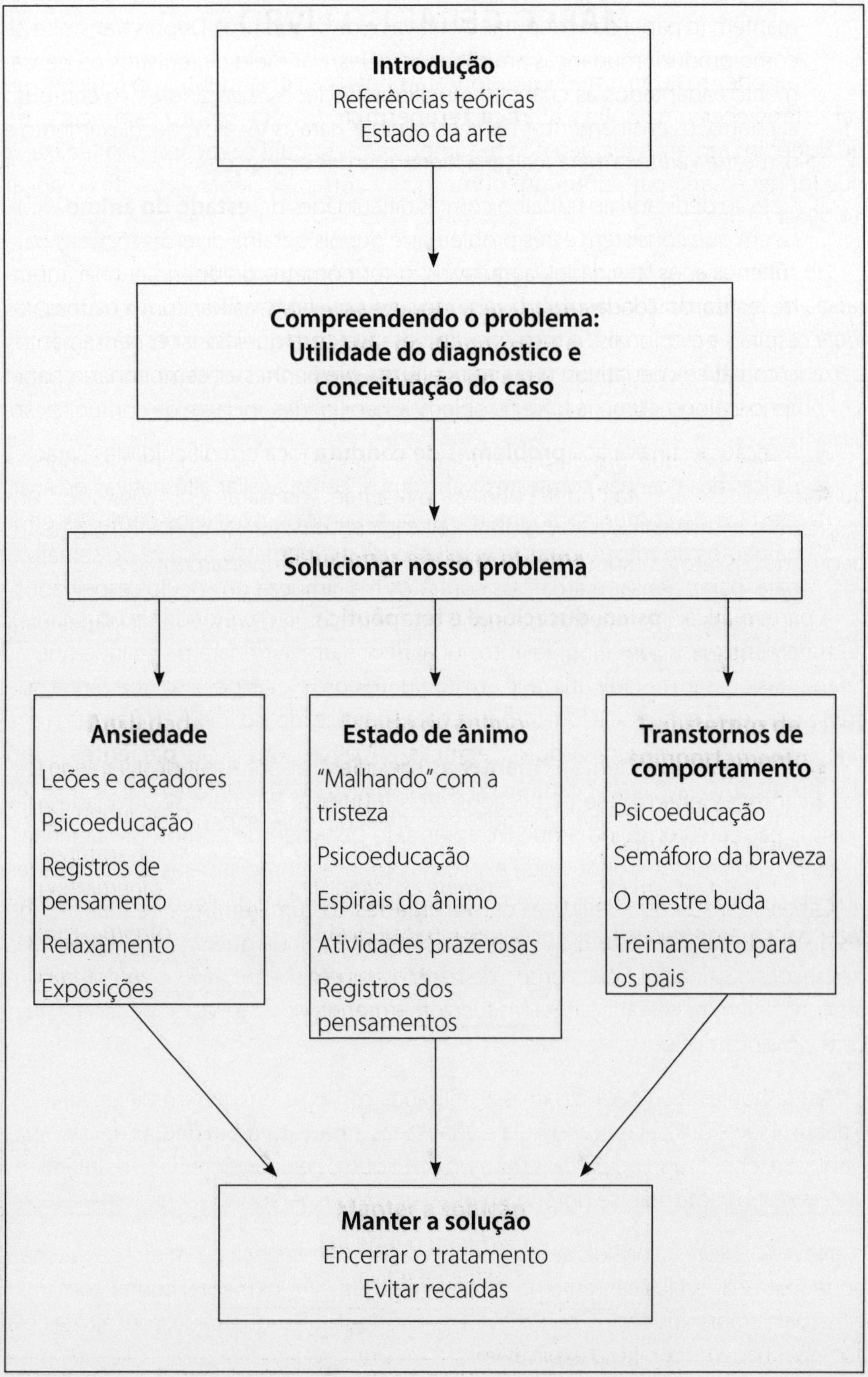
Introdução
Referências teóricas
Estado da arte
Compreendendo o problema:
Utilidade do diagnóstico e
conceituação do caso
Solucionar nosso problema
Ansiedade
Leões e caçadores
Psicoeducação
Registros de pensamento
Relaxamento
Exposições
Estado de ânimo
"Malhando" com a tristeza
Psicoeducação
Espirais do ânimo
Atividades prazerosas
Registros dos pensamentos
Transtornos de comportamento
Psicoeducação
Semáforo da braveza
O mestre buda
Treinamento para os pais
Manter a solução
Encerrar o tratamento
Evitar recaídas

MARCO GERAL DO LIVRO

Para poder realizar um adequado tratamento psicoterapêutico é indispensável estabelecer uma sólida **aliança terapêutica**. Este elemento está acima de qualquer ingrediente técnico dos tratamentos, pelo qual se recomenda realizar o que for necessário para obter um bom vínculo com o paciente antes de começar a utilizar as fichas.

Nos últimos anos tem-se realizado uma série de pesquisas que ressaltam a importância do **estilo do terapeuta** no resultado de um tratamento. Se isto ocupar um lugar central na clínica com os adultos, com as crianças e adolescentes, não pode ser deixado de lado. Aqueles que utilizarem o livro deverão prestar especial atenção no seu próprio estilo pessoal na hora de colocá-lo em prática.

Consideramos que um cuidado adequado destes dois ingredientes comuns a qualquer psicoterapeuta poderia otimizar o resultado do tratamento. De todos modos, ambos os conceitos não são desenvolvidos no presente livro devido a que são priorizados os fatores específicos da terapia cognitivo-comportamental.

A parte prática é **psicoeducacional e terapêutica**. Não pretende ser um manual de tratamento, nem um livro de autoajuda, nem é um livro para pais, ainda que os terapeutas possam decidir utilizá-lo em conjunto com eles. É por isso que, ainda que conte com uma sequência lógica, não é para ser utilizado do início ao fim, mas para que cada terapeuta escolha quais **técnicas** trabalhar com quais **pacientes** e em quais momentos. De forma alguma pode ser aplicado como um manual de receitas de cozinha. O manejo do livro a seguir requer flexibilidade, experiência e supervisão do terapeuta.

Cabe esclarecer que devido as **comorbidades** costumarem ser a regra na manifestação dos transtornos em crianças e adolescentes, ainda que sejam diferenciadas três seções destinadas a cada grupo de transtornos em si, é provável que os terapeutas considerem necessário utilizar as técnicas desenvolvidas ao longo de toda a obra com a maioria dos seus pacientes.

Ainda que as técnicas possam ser utilizadas como se encontram desenvolvidas, é aconselhável utilizá-las como guia e adaptá-las à **narrativa particular** de cada paciente. Se for utilizado ao pé da letra, é possível que o seu paciente não se sinta identificado e, portanto, não se obtenham os resultados esperados.

Nós, os autores, consideramos que a terapia com crianças e adolescentes não pode se basear exclusivamente na palavra, mas que é fundamental contar com imagens para transmitir certos conceitos. Por isso tentou-se que cada conceito esteja acompanhado por gráficos explicativos.

O texto baseia-se na **teoria cognitivo-comportamental** iniciada por A.T. Beck, fazendo aportes de outras escolas, como a sistemática (por exemplo: "a pergunta do milagre", de De Shazer, 1986) e inclusive em conceitos desenvolvidos pelos próprios autores. Recomenda-se expressamente complementar o seu uso com um adequado conhecimento do **marco teórico**, que sustenta a prática psicoterapêutica cognitivo-comportamental com crianças e adolescentes, já que existem numerosas técnicas terapêuticas que ficam fora desta obra.

FUNDAMENTO EMPÍRICO DAS TÉCNICAS

A seguinte obra não consiste em um programa que tenha sido validado em nenhum estudo controlado, mas toma como referência os referidos estudos e exemplifica as técnicas adaptadas ao contexto cultural da América do Sul.

LIMITAÇÕES

Devido ao principal interesse desta obra ser o tratamento, ficaram de fora importantes aspectos que fazem parte da avaliação e do diagnóstico dos pacientes. Consideramos que aqueles que atuam no âmbito clínico devem ter um importante treinamento na avaliação diagnóstica para depois poder aplicar as técnicas incluídas aqui.

Ainda que as técnicas desenvolvidas a seguir possam ser aplicadas a crianças a partir de 8 anos de idade, aproximadamente, acreditamos que com um cuidadoso manejo das mesmas e sob uma minuciosa supervisão do Terapeuta podem ser utilizadas com crianças de menor idade (sempre levando em conta o período evolutivo do pensamento da criança com a qual se trabalha). Ou seja, as técnicas que requeiram níveis complexos de abstração não seriam recomendadas para o trabalho com crianças cujo pensamento seja pré-operatório ou operatório concreto.

O trabalho com **adolescentes**, por sua vez, representa todo um desafio para os terapeutas e requer uma extrema flexibilidade no estilo pessoal do profissional. Por isso, recomenda-se selecionar com eles as intervenções que o adolescente poderá assimilar com maior facilidade de acordo com a sua personalidade e evitar especialmente que as fichas se tornem uma "tarefa escolar", o que costuma desagradar os adolescentes.

Por outro lado, ao envolver os transtornos de ansiedade, estado de ânimo e do comportamento, inclui-se a maior parte dos quadros que consultam na clínica pediátrica, o qual é muito extenso, mas deixam-se de lado aqueles pacientes que apresentam transtornos do desenvolvimento, da alimentação, uso de drogas, entre outros. Tampouco incluem-se técnicas específicas para aqueles pacientes que apresentam problemas que ultrapassam os transtornos classificados no DSM IV ou aqueles que apresentam transtornos adaptativos ou outros problemas que podem ser objeto de atenção clínica, como os relativos às relações paterno-filiais, econômicos, aos grupos de apoio etc. Inclusive, outros conflitos que podem não ser o principal motivo de consulta, mas, entretanto, costumam estar presentes nas inquietações dos pais, como o ciúme entre irmãos.

Devido a que o livro pretende ser essencialmente técnico, apresentam-se somente umas breves **explicações teóricas** que sustentam, junto com as pesquisas em psicoterapia, cada uma das intervenções. As mesmas contam com as suas respectivas referências bibliográficas, para aqueles que desejam consultar e aprofundar os seus conhecimentos.

CAPÍTULO 2

SEÇÃO TEÓRICA

CONCEITOS BÁSICOS DA TERAPIA COGNITIVO COMPORTAMENTAL COM CRIANÇAS E ADOLESCENTES

Introdução

Pesquisas desenvolvidas ao longo de muitos anos avaliam a viabilidade da Terapia Cogitiva Comportamental para o tratamento de diversos transtornos. Oferece-se a seguir uma síntese geral de alguns conceitos e estratégias direcionadas a colaborar com a difusão do modelo: uma avaliação de diferentes intervenções, a partir da brincadeira e do desenho, em uma clínica psicoterapêutica com crianças entendida do paradigma cognitivo-comportamental.

Desenvolve-se com este propósito uma conceitualização teórica básica, propõe-se uma classificação de diferentes tipos de técnicas e expõe-se a sua aplicação prática por meio de pequenas vinhetas clínicas.

Hipótese básica da terapia cognitivo-comportamental (TCC)

O postulado fundamental da TCC consiste em que os pensamentos exercem uma influência nas emoções e na conduta. Considera-se que os indivíduos respondem ao significado adjudicado às situações, mais que aos eventos em si. Isto não equivale a dizer que os fatores cognitivos exercer um papel causal exclusivo na etiologia de todos os transtornos. Afirmar que "o que você pensa pode determinar o que você sente" significa que, frente a diversos acontecimentos, a pessoa realizará interpretações destes fatos com uma série de pensamentos que fluem continuamente na sua mente. Tudo isto chama-se "diálogo interior". Estes pensamentos, e não os fatos reais, são o que poderia determinar o seu estado de ânimo. O objetivo da terapia cognitivo-comportamental centra-se em que sejam flexibilizados os modos patológicos do processamento da informação, já que não sofremos pelas situações em si, mas pelas interpretações rígidas que fazemos delas.

Noções gerais e particularidades da TCC com crianças

Na infância não podemos afirmar que há uma variável única que apareça como a causa da psicopatologia. Entende-se que o **comportamento é multideterminado** por um número de fatores causais (biológicos, genéticos, interpessoais e ambientais) que interagem contribuindo para o desenvolvimento patológico. Mas há evidência empírica concernente a que a intervenção sobre o processamento individual de informação apresenta uma importante incidência sobre as manisfetações emocionais e comportamentais (Kendall, 2000).

Estes processos cognitivos são condicionados por crenças subjacentes que os indivíduos mantêm sobre si mesmos, o mundo e o futuro. As **crenças tácitas** ou **esquemas** são construídos ao longo do desenvolvimento e funcionam como lentes que guiam a percepção, recuperação, processamento e interpretação da informação. Quando a resposta emocional ou comportamental de uma criança a um evento é desadaptativa (ou seja, que é inapropriada dada a natureza do evento ou ocorre uma deterioração no seu funcionamento social), presume-se a injerência nas suas habilidades comportamentais, ou Distorções nas crenças e processos cognitivos resultantes.

As intervenções na clínica cognitiva com adultos realizam-se por meio da psicoeducação, a implementação de registros organizados de pensamentos, técnicas de questionamento guiado inspiradas na maiêutica socrática, e a realização de "tarefas para o lar" estruturadas na forma de experimentos, com o fim de corroborar ou falsear os pressupostos a partir dos quais o sujeito adjudica sentido a si mesmo, o futuro e o seu mundo de experiências. Esta modalidade de relação terapêutica é definida por A. Beck e Cols (1979) como um "empirismo colaborativo".

Neste ponto se estabelece uma importante diferença com a terapia cognitiva com crianças. Entre as principais dificuldades registradas encontram-se as limitações relacionadas à escassa motivação para realizar o tratamento, o desenvolvimento intelectual e a capacidade de comunicação apresentada pelos pequenos. Isto fica evidente especialmente naquelas crianças que se encontram no estágio de desenvolvimento definido por J. Piaget (1966) como pré-operatório (aproximadamente dos dois aos sete anos), onde o pensamento é concreto, ilógico e egocêntrico. Estas restrições interferem no benefício que as crianças podem ter de psicoterapias focadas nos aspectos verbais.

Ou seja, no caso das crianças com um nível de pensamento pré-operatório, devido à limitação para o trabalho congnitivo com o mesmo, será dada maior ênfase no trabalho com os pais. Entretanto, aquelas crianças que apresentarem um nível de pensamento operatório concreto (sete a onze anos) estarão capacitadas para o trabalho com certas intervenções cognitivas simples (modelados, treinamentos em autoinstruções etc.) e a ênfase no trabalho com os pais poderia ser menor.

Quanto às crianças com pensamento do nível operatório formal (onze anos em diante, aproximadamente), será realizado o trabalho com base em intervenções mais complexas: contam-se entre estas o registro de pensamentos automáticos disfuncionais e seu autoquestionamento, a refutação ou validação dos mesmos a partir de experimentos guiados etc. (vide tabela 1).

A TCC com adultos assume que o indivíduo tem a capacidade de diferenciar entre pensamento racional e irracional, lógico e ilógico. Ainda que o adulto possa precisar de um guia para a identificação dos pensamentos irracionais, uma vez que estes são registrados, o indivíduo pode entender as suas inconsistências. Entretanto, as crianças pequenas não costumam ser capazes de diferenciar entre pensamento lógico e ilógico, nem mesmo indicando-lhes os erros. Em alguns casos tampouco são capazes de diferenciar as emoções dos pensamentos, nem de classificá-las. De fato, alguns autores, como Knell (1999), preferem considerar o pensamento disfuncional nas crianças como **mal-adaptativo**, em vez de irracional. Isto é importante, já que pode ser problemático considerar como **distorções cognitivas** as modalidades de processamento que são normais para determinado nível do desenvolvimento evolutivo.

Estado do desenvolvimento	Grau de limitação	Assimilação das intervenções	Intervenção com os pais
Pré-operatório	Alto	Comportamentais	Indispensável
Operatório concreto	Moderado	Comportamentais Cognitivas simples	Considerável
Operatório formal	Baixo	Comportamentais e cognitivas	Varia com o caso

Tabela 1 (Bunge, Gomar, Mandil, 2008)

Outra distinção de importância é apontada por Kendall e Braswell (1993), os quais definem como **déficit cognitivo** a falta de um processamento cognitivo efetivo, observável, por exemplo, na criança desatenta que se aproxima de um problema de modo impulsivo e irreflexivo. Por outro lado, **distorção cognitiva** refere-se à crença ou atitude fundada em uma lógica irracional ou distorcida, como poderia manifestar-se em um adolescente depressivo que sistematicamente minimiza as suas habilidades ou o apoio que recebe dos outros, enquanto maximiza ou superdimensiona os seus defeitos e responsabilidades em eventos negativos (Kendall e Braswell, 1993).

Seguindo esta linha, Kendall (2000) diferencia patologias usuais na clínica infanto-juvenil nas quais preponderam as distorções no processamento da informação com relação a quadros nos quais prepondera o **déficit cognitivo**. O primeiro grupo corresponde aos chamados **transtornos internalizantes**, que incluem depressão e transtornos de ansiedade. Nestes, apontar-se-á a gerar tanto experiências no consultório quanto tarefas para o lar ou o colégio, que permitam precipitar uma mudança cognitiva e o questionamento das interpretações disfuncionais. O segundo grupo corresponde aos **transtornos externalizantes**, onde predominam as problemáticas baseadas na agressividade e no comportamento disruptivo.

Nestes, a ênfase estará orientada a prover à criança ferramentas destinadas a exercer as funções de controle executivo pouco desenvolvidas. Incluem-se estratégias de autocontrole, parar e pensar alternativas e/ou treinamento em resolução de problemas.

Levando em conta estas particularidades, e seguindo desenvolvimentos de Stern (2000), consideramos que para muitas das crianças e famílias que atendemos "as palavras não são suficientes". Disto extraímos duas consequências importantes. A primeira é o valor da inclusão da ação e a experiência no trabalho com crianças. Como diz um provérbio chinês: "Quando escuto esqueço. Quando vejo lembro. Quando faço entendo." A atividade motiva, estimula a comunicação e permite mudar crenças e circuitos de interação. A segunda consequência é a importância de que a atividade seja multisensorial, incluindo o uso simultâneo de duas ou mais modalidades sensoriais para receber ou expressar informação (Stern, 2002). Em ambos os casos, serão a brincadeira e os desenhos que nos permitirão veicular grande parte das intervenções.

Papel do Terapeuta

O terapeuta cognitivo comportamental adota uma postura ativa nos referidos tratamentos, cumprindo diversas funções (Kendall, 2000):

- **Diagnosticador:** implica avaliar múltiplas fontes de informação (pais, irmãos, docentes, médicos e o paciente) para poder realizar uma síntese própria da situação.
- **Consultor:** consiste em uma modalidade de trabalho colaborativo com o paciente na busca de soluções.
- **Treinador:** É aquele que provê certas estratégias para aprender determinadas habilidades cognitivas e comportamentais para poder enfrentar as situações de conflito por si mesmo.

Os diferentes momentos e problemáticas requererão do profissional terapeuta a flexibilidade necessária para alternar entre estas formas de trabalho.

Avaliação diagnóstica[1]

Devido ao fato de que as abordagens da TCC são específicas para cada transtorno, o primeiro passo que devemos realizar quando consultam os pais é a avaliação diagnóstica. Para tanto, podem-se realizar entrevistas clínicas (algumas das quais podem ser estruturadas, como, por exemplo, K-SADS) com os pais, com a escola e com o paciente. Conta-se ainda com escalas que podem ser direcionadas aos pais e à escola ou administradas pelo terapeuta com a criança. Alguns dos casos mais conhecidos são o Inventário de Depressão Infantil (CDI, Kovacs, 1992), a Listagem de Comprovação de Condutas (Ackenbach, 1991), que permite coletar informação sobre diversos transtornos, o SCA-

1 No Brasil diversos instrumentos estão disponíveis para utilização na prática clínica. Recomenda-se o acesso ao SATEPSI (Sistema de Avaliação de Testes Psicológicos) para conferência dos instrumentos favoráveis.

ReD, uma escala autoaplicada de ansiedade para crianças (Birmaher, 1995) e a Escala de Distração e Atividade Impulsiva para o TDAH (Barkley, Murphy e Bauermeister, 1998).

Cabe esclarecer que ainda que os tratamentos cognitivos-comportamentais foram desenhados para transtornos específicos, muitos pacientes não apresentam um transtorno mental, como nos casos de depressão, ansiedade, TDAH etc. Os sistemas de diagnóstico reconhecem isto e, por isso, diferenciam os **transtornos** de outros **problemas** que podem ser objeto de atendimento clínico, tais como a relação paterno-filial, relação entre irmãos, problemas acadêmicos ou problemas biográficos, como os associados às diferentes etapas do desenvolvimento ou outras circunstâncias vitais. Nestes casos, o tratamento não é estipulado de antemão e será desenvolvido "artesanalmente". Devido a que não se pode realizar o diagnóstico de um transtorno mental, assume um papel importante a conceitualização do caso realizado.

Uma vez **elaborado o diagnóstico, é recomendável informá-lo / comunicá-lo aos pais e à criança**, utilizando uma linguagem acessível. Pode-se pedir à criança que dê um nome à sua patologia. Busca-se um nome de acordo com a idade e as características do transtorno, explicando-lhe que juntos trabalharão para combatê-lo, como, por exemplo, no caso das crianças com problemas no controle de braveza ou Transtorno Obsessivo Compulsivo.

Para o modelo cognitivo, a evolução diagnóstica funciona como intervenção base que define o marco do tratamento e o sentido das operatórias posteriores. É evidente que na clínica infanto-juvenil esta troca de informação deve ser realizada com especial cuidado. Os aportes construtivistas relacionados à "externalização do problema", no nosso parecer, provêm metodologias chave neste aspecto (Freeman, Epston e Lobovits, 2001). Ao convidar a criança a nomear o problema como uma entidade externa contra a qual se deverá lutar, promovem-se desde o início do tratamento certas atitudes e modos de participação-chave: informando, por sua vez, que se despatologiza, favorecendo o autodistanciamento (fator terapêutico chave em uma terapia orientada à autorreflexão e à auto-observação), ao mesmo tempo que se motiva. Para uma criança, ir ao psicólogo "para que o estudem" pode ser uma experiência desagradável. Pensar juntos em estratégias para "vencer a fúria" pode ser divertido e gratificante.

Conceitualização do caso

Uma vez informados do diagnóstico, passa-se a realizar a conceitualização do caso. A mesma fornece ao terapeuta o marco necessário para compreender o paciente. Seria um tipo de hipótese sobre:

- O modo como o paciente chegou a desenvolver o seu transtorno psicológico que envolve os aprendizados e as experiências iniciais contribuem para os seus problemas atuais.

- Os fatores que contribuíram para que os seus problemas não tenham sido resolvidos.
- Crenças e pensamentos sobre si mesmo e os demais.

No caso das crianças nas quais não se conta com um transtorno, mas com um problema, este passo tem especial importância e poderia substituir a devolução diagnóstica.

Psicoeducação

A psicoeducação consiste em dar ao paciente uma breve explicação sobre:

A) O transtorno: causas,
quão frequente é na população,
características da sintomatologia;

B) O tratamento: alternativas disponíveis,
critérios para escolher um ou outro
aspecto básico,
técnicas científicas,
duração estimada.

Tudo isto é de grande importância para desenvolver uma sólida relação terapêutica.

Na clínica infanto-juvenil, devido a que costumam estar envolvidos no problema membros da família, escola, outros profissionais etc., é importante considerar qual informação se dá a quem, com qual fim e de que modo.

É imprescindível chegar a um consenso entre as partes e proteger a intimidade dos pacientes e dos seus grupos familiares.

Com este fim, indica-se definir os problemas a serem enfrentados de modo concreto e factível de serem resolvidos entre todos. Evitar culpar os outros e poder questionar as atribuições externas improdutivas. Para tanto é importante destacar os recursos que cada um tem, favorecer a participação ativa no tratamento e diferenciar o transtorno a ser tratado da identidade da criança e/ou adolescente.

TRATAMENTO

Intervenções fundamentais

A seguir, centralizaremos o foco em técnicas cuja aplicação, veiculada por meio da brincadeira e do desenho, costuma ser eficaz em diferentes problemáticas. Devido a que consideramos que "não há melhor professor que a experiência", a terapia com crianças e adolescentes deve apontar um aprendizado experiencial. Ou seja, que a criança aprenda por meio da ação, aplicando no seu próprio meio as estratégias aprendidas no consultório.

Quando são prescritos exercícios para que a criança ou adolescente realize entre as sessões, recomendamos expressamente evitar o uso do termo "tarefas" ou "tarefas para casa", já que, devido à sua conotação escolar, pode desanimar o paciente na realização das mesmas. No lugar disso, propõem-se termos como: "experimentos", "pesquisas", "quero que testemos uma técnica especial para crianças com as quais acontece o que acontece com você", ou qualquer uma que se adapte à narrativa particular do paciente.

A seguir descreveremos algumas estratégias e exemplificaremos a partir de vinhetas clínicas.

1. *Treinamento no reconhecimento das emoções:*

Muitas crianças não diferenciam emoções como a tristeza, tédio ou braveza. Por isso, um dos primeiros passos será poder diferenciar e denominar estas emoções para depois tratar outros aspectos. O uso de carinhas desenhadas com adivinhações referentes ao tipo de expressão e sua motivação costuma ser comum para estes fins.

2. *Identificação e monitoramento dos pensamentos automáticos:*

Estes são pensamentos que fogem à vontade do paciente, que são extremamente rápidos e que possuem uma estrutura telegráfica. É por isso que as pessoas comumente não param para questioná-los e os consideram certos. Estes pensamentos levam às diversas interpretações que cada um faz das situações que têm que viver e influenciam o seu estado de ânimo.

Em todo tratamento cognitivo, um dos passos iniciais consiste em orientar o paciente na detecção dos autodiálogos e imagens disfuncionais que surgem nas situações problemáticas.

Na clínica infanto-juvenil costumamos utilizar vinhetas com "balões de pensamento vazios" e/ou registros simplificados e enriquecidos com ilustrações para estes propósitos de auto-observação.

3. *Reconhecer a relação existente entre o pensamento, a emoção e a conduta:*

Para que o paciente participe ativamente do tratamento e incorpore a metodologia colaborativa de trabalho, deve ser psicoeducado e treinado no reconhecimento dos nexos entre os fatores mais importantes que mantêm os transtornos.

Vejamos alguns exemplos:

- A criança que à noite pensa que algo pode ocorrer com os seus pais quando saem de casa, é provável que fique ansioso e não consiga dormir (transtornos de ansiedade).
- A criança que pensa que seria impossível que alguém como ele seja aprovado na prova de matemática provavelmente se sinta desanimado e, portanto, não estude. Ao não ser aprovado na prova, o pensamento disfuncional poderia ser reforçado (transtorno do estado de ânimo).
- Por último, o caso da criança que pensa que os seus colegas querem tirar sarro dele, é factível que fique bravo com eles e finalmente os agrida (dificuldades no controle da ira).

É possível transmitir esta informação a partir do uso de historinhas e esquemas ilustrados, mediante os quais pode, primeiro, aprender e, depois, deduzir a interrelação entre os fatos, o que pensou e interpretou com relação às situações problemáticas e as correspondentes consequências afetivas e de conduta.

4. *Reestruturação cognitiva:*

Como na TCC com adultos, o passo seguinte à identificação de pensamentos disfuncionais é o seu autoquestionamento, promovendo alternativas mais flexíveis e adaptativas. Com pré-adolescentes, é possível simplificar e incluir ilustrações alusivas nos clássicos registros de pensamento. Com crianças menores, pode-se utilizar marionetes, caracterizando autoverbalizações positivas frente a situações estressantes, historinhas com balões com textos psicoeducacionais e vazios, para que o paciente os preencha, realizar a troca de papéis onde a criança caracteriza o personagem ou uma situação temida etc.

Ricky tem 12 anos e chega à consulta com ataques de pânico. Uma das intervenções centrais consistiu em oferece-lhe vinhetas onde um homenzinho apresentava sinais externos do acesso de angústia (suor, face de medo, tontura, tremor). Pede-se-lhe que preencha o balão de pensamento vazio com as autoverbalizações disfuncionais no momento do ataque e trabalha-se em terapia possíveis pensamentos alternativos, para que tente inseri-los no balão quando o ataque se repetir.

5. *Modelagem:*

Pode-se incluir neste item a variedade de técnicas que encontram a sua origem nas teorias do aprendizado social: desde o treinamento em assertividade e habilidades sociais, dramatizações (*role playing*) para resolver situações interpessoais estressantes, até a modelagem de técnicas de enfrentamento comportamental; a criança poderá brincar de ser um boneco de pano durante um treinamento em respiração profunda, caracterizar interações com bonecos ou marionetes, personagens de contos etc.

Nahuel, de 9 anos, é trazido à consulta por uma fobia às provas escolares. Nas primeiras entrevistas me mostra a historinha do "Menino superpoderoso", valente personagem de sua autoria que enfrentava todo tipo de vilões. Foi-lhe proposto incluir no enredo um novo personagem, "o urso medroso", que encarnava os temores e medidas evitativas. A partir desse momento, era o "menino superpoderoso" que modelava o enfrentamento do "urso medroso", cujas novas habilidades seriam logo transferidas ao âmbito escolar da criança.

6. *Estratégias para o controle de impulsos:*

São úteis nos transtornos externalizantes quando conseguimos envolver a criança ou adolescente no motivo da consulta. Estão orientadas ao exercício de funções executivas pouco desenvolvidas: parar e pensar antes de agir em situações de conflito, resolver problemas buscando alternativas etc. Estes exercícios costumam ser veiculados por meio de brincadeiras e desafios que apontam a despertar o interesse e a motivação da criança para enfrentar o problema.

Gabriel, de 10 anos, irrita-se frente à colocação de limites pela mãe, grita, ocasionalmente quebra coisas e briga de bater com os irmãos. No ponto em que ele mesmo deseja resolver estas situações de outra forma, confeccionamos juntos um cartão com um "semáforo para os pensamentos". Ele o leva consigo a todos os lugares e o tirará nos momentos em que estiver bravo; tomará um tempo para ver a luz vermelha e esperará um pouco. Depois pensará possíveis formas de resolver as coisas ao olhar a luz amarela. Quando ele decidir estar preparado para concentrar-se na luz verde, realizará a ação decidida.

7. *Uso de biblioterapia, contos e implementação de narrativas terapêuticas:*

É clássico o uso de material psicoeducacional adaptado a crianças: podemos mencionar aqui "Rubén, a criança hiperativa", de Manuel García Pérez, que é muito proveitoso para que o paciente afetado com TDA-H comece a reelaborar situações nas quais o seu comportamento provoca o rechaço e a estigmatização pelos semelhantes e adultos. "Meus medos e eu", de Ileana Caputto, é orientado a que crianças fóbicas comecem a compreender a interação entre os seus pensamentos sobre a situação atemorizante e a ansiedade resultante. Mesmo assim, podem-se implementar alguns contos ou fábulas populares, que o terapeuta encontre relacionados ao problema a tratar, veiculando através deste meio um aporte de metáforas e imagens que estimulem a criatividade da criança.

Podemos incluir neste item alguns procedimentos de origem construtivista, que são facilmente integráveis à nossa metodologia. As técnicas narrativas apontam a caracterizar a situação problemática na forma de uma história, onde o sintoma é um inimigo externo contra o qual a criança, com ajuda dos seus seres queridos, poderá lutar. Desta forma, tende-se a despatologizar o consultante, externalizando o problema e favorecendo a aplicação de recursos adequados às suas capacidades pessoais. Técnicas comportamentais típicas, como a dessensibilização sistemática, podem ser reformuladas, junto com o pequeno paciente, de uma forma narrativa. Na nossa experiência, semelhante forma de transmissão exerce notáveis efeitos motivacionais.

Lucas, de 8 anos, sofre de ansiedade de separação. É extremamente difícil para ele participar de qualquer atividade independentemente dos seus pais, especialmente ir à escola. Uma vez que acordamos que o medo é um inimigo malvado e traiçoeiro, o qual devemos destruir, aceita ser treinado em "karatê mental contra o medo". A medida que realiza pequenas atividades, durante um maior período de tempo e à distância progressiva da mãe, vai ganhando uma faixa de outra cor. No momento em que pôde participar sozinho de uma aula, e o medo *ficou feito traças, recebeu uma faixa preta e um diploma outorgado pela "Associação Argentina de Karatecas Mentais".*

Trabalho com a família

Partimos da base de que todo tratamento com crianças e adolescentes inclui o trabalho com a família, devido ao papel determinante desempenhado pelos fatores contextuais em todo motivo de consulta (Datillio, 2005).

As crianças dependem dos seus pais, tutores e outros entes significativos. Os seus esquemas cognitivos e estilos de enfrentamento estão em formação e são particularmente permeáveis às suas influências.

Muitas famílias contam com recursos para facilitar as mudanças, contribuir para a aderência ao tratamento dos pacientes, modelar comportamentos e estilos de atribuição de significados e processamento da informação. Os terapeutas podem ver facilitada a sua tarefa se forem incluídos estes aspectos na terapia, já que podem contribuir para as soluções do problema.

Poderíamos destacar aqui certos fatores típicos que podem colaborar:

- Na resolução dos conflitos.
- Na origem e manutenção dos problemas.

1. *Família e resolução de conflitos:*

1.1. A família pode colaborar na generalização dos aprendizados:

Tomás tem 10 anos e não é muito aceito pelos seus colegas. Ocorre que vai a um colégio com orientação esportiva e ele não é muito hábil. Em cada jogo tiram sarro dele, ou o excluem, ou o culpam frente à derrota. Não obstante, ele é muito criativo e gosta de escrever contos. Juntos decidimos escrever uma obra de teatro, na qual tinha um personagem que os demais tiravam sarro. Convidamos os seus pais a sugerir estratégias para enfrentar as situações de sarro e depois o representamos com fantoches e um cenário. Finalmente filmou-se e convidou-se o restante da família a assistir a função.

Isto favoreceu a generalização das estratégias no âmbito escolar.

1.2. Os pais podem modelar condutas adaptativas, transmitir outras formas de entender os problemas:

Pedro, de 15 anos, consulta por causa de sua timidez. Em uma entrevista familiar, o pai diz: "eu era igual, Pedro. Quando criança ficava pálido na frente de outras pessoas, tinha muita dificuldade de falar com os demais. Quando seu avô morreu, tive que cuidar do seu negócio e comecei a atender o público. No início tremia de nervos, transpirava, mas não tinha outra opção, já que o negócio era o sustento da família. Com o tempo fui acostumando, percebi que tudo o que imaginava não era tão difícil. Agora me sinto muito mais seguro e até gosto. Estou certo de que com os seus recursos, se você se enfrentar, também o poderá superar."

O pai modela experiências de enfrentamento dos temores, não invalida o seu temor, mas o estimula a enfrentá-lo.

2. *Família: início e manutenção dos conflitos:*

2.1. As condutas problemáticas das crianças podem ser sustentadas por crenças disfuncionais dos próprios pais:

Diego tem 14 anos e comparece à consulta com um encaminhamento da escola, que é entregue em envelope fechado. O mesmo diz que o jovem tem problemas de conduta no estabelecimento, com agressividade em relação aos seus pais e seus professores. Outrossim, acrescenta que as suas atitudes são acompanhadas por justificativas de ambos os pais.

Em entrevista, o pai diz: "Eu acho que o Diego faz está certo. O problema é que o colégio é muito rígido. Eu, quando era novo, fui criado no mesmo bairro e somente podia me fazer respeitar na porrada. E tão mal assim não me sai. Não entendo por que nesta escola fazem tanto problema porque o meu filho brigue de bater para se fazer valer. Preferem que o tirem de babaca?

2.2. Em outros casos os pais, sem querer, podem aprofundar a problemática.

Nicolás, de 5 anos, é trazido à consulta porque não quer entrar na pré-escola. Não conseguiram que ficasse sem a presença da mãe. Esta última diz: "Estou farta dele. Diz que tem medo de ficar e que depois eu não o vá buscar. Eu disse para ele que está me deixando louca. Que se continuar assim, vou levar ele a um internato, e aí sim ninguém o vai buscar."

Neste exemplo, vê-se como a mãe, na sua tentativa de solução, ameaça o seu filho com mensagens que fomentam o seu viés catastrófico.

2.3. Outro fator familiar que pode influenciar no desenvolvimento das condutas são as consequências situacionais.

Ou seja, por mais estranha e azarada que nos pareça ser uma conduta, a mesma é determinada, pelo menos em parte, pelas consequências que se espera obter. A tradição comportamental desenvolveu o conceito de reforço para explicar este fenômeno.

O reforço poderia ser definido como qualquer estímulo que se apresenta depois de uma conduta, conseguindo com que seja incrementada a sua frequência. Há dois tipos de reforço, o positivo e o negativo. O primeiro implica a utilização de uma conduta para obter uma consequência desejada. Por exemplo:

Analía se consulta devido a que já não pode controlar os caprichos do seu filho de 5 anos. Diz: "Uma vez o fui buscar no colégio e passamos caminhando por uma vendinha. Tomás me pediu que comprasse um chocolate e eu falei para ele que não, pois íamos comer em casa. Então se jogou no chão, começou a fazer um escândalo terrível e gritava que queria o chocolate. As pessoas olhavam para mim, e eu não sabia o que fazer, então comprei. Nesse momento ficou tranquilo, mas cada vez que passo pela vendinha é um problema".

2.4. Por outro lado, o reforço negativo consiste na utilização de uma conduta para evitar consequências não desejadas. Por exemplo:

Susana é a mãe de Rodrigo, de 5 anos. Relata que a convivência com ele é muito difícil. Por exemplo, cada vez que tem que dar banho nele, é um caos. Geralmente está brincando de alguma coisa e tem que falar 10 vezes para ele ir tomar banho. Ele diz que espere um pouquinho mais e, enquanto isso, continua brincando. No final acabamos que eu desligo o brinquedinho e o levo à força, enquanto chora e grita".

Aqui vemos como a criança, por meio de uma conduta disfuncional, consegue evitar, pelo menos por um certo tempo, aquilo que não deseja. Neste caso: não tomar banho.

2.5. O reforço positivo ou negativo não se dá somente nas crianças. Vejamos o seguinte exemplo:

Lucas tem 9 anos. Os pais consultam depois de ter trocado ele três vezes de colégio, por problemas de comportamento. O pai diz: "eu entendo ele, porque somos iguais. Eu sou de brigar quando dirijo, ou no trabalho. De todo modo eu falo com ele. Digo que tem que se comportar bem. Mas parece que somente entende quando bato nele. Porque antes disso digo as coisas 10 vezes e parece que não faz o que digo. É filho do rigor".

Aqui podemos ver como, ao igual que nas crianças, também são reforçadas condutas disfuncionais nos pais, gerando em alguns casos uma escalada de violência. O pai deste exemplo prova falar com o seu filho e não consegue parar o comportamento. Mas, com a experiência, tem aprendido que batendo nele o consegue, pelo menos momentaneamente. Desse modo, incrementa-se a frequência de castigos físicos para com a criança, gerando uma maior ansiedade e modelando o comportamento que se deseja extinguir.

2.6. As expectativas desmedidas dos pais podem gerar respostas adversas nos seus filhos. Por exemplo:

Juan Pablo, de 9 anos, apresenta desânimo. Os pais dizem que não gosta de nada, "está desmotivado e mal-humorado", tem dificuldade em se relacionar com os seus colegas e fica muito tempo sozinho.

Os seus pais coincidem: "seu relaxamento é como uma barreira para Juan. Ainda que seja aprovado nas matérias, nós pensamos que é possível mais. Tem capacidade para ter uma das maiores médias. Não queremos que seja medíocre".

2.7. Em certas ocasiões é pertinente considerar a intervenção sobre a possibilidade de psicopatologia parental. Isto pode ser feito mediante a orientação aos pais ou o encaminhamento para tratamento individual, se necessário.

Pedro, de 5 anos, apresentava sérias dificuldades para ficar longe da sua mãe, dormia com ela e muitas vezes se recusava a ir à colônia de férias. Quando se indagam possíveis explicações, ele diz que a sua mãe costuma sair à noite e que fica com medo de que ocorra alguma coisa. Depois de algumas sessões, vislumbra-se que a sua mãe sofre de transtorno bipolar e, nesse momento, encontrava-se sem tratamento e extremamente desestabilizada.

Poderia-se dizer aqui que a conduta da criança pode ser adaptativa de certo ponto e que está claro que o foco de intervenção principal nesse momento é a patologia materna.

2.8. Diferentes critérios de criação entre os progenitores ou figuras que cuidam da criança.

Andrés e Camila consultam por causa de seu filho Mateus, de 13 anos. Dizem que tem problemas de autoestima e que tem dificuldades de se relacionar com os demais. Dizem ser muito diferentes entre eles. Andrés diz: "somos como Esparta e Atenas, eu sou engenheiro, planejo as coisas e considero que as crianças têm que aprender a se virar sozinhos.

Ela é psicóloga, tudo é amor e é superprotetora. Mateus, em certas ocasiões, não sabe o que esperar de nós e, em outras, sabe muito bem a quem deve pedir as coisas. Ambos coincidem que "muitas vezes não conta com um ambiente consistente que lhe permita saber onde está pisando".

Neste caso, o terapeuta pode tentar gerar acordos em que ambos os pais consigam um equilíbrio nas suas duas posturas. Respeitando os seus objetivos, ou seja, poder oferecer a contenção que a mãe deseja, sem deixar de fomentar a independência e sensação de sucesso que o pai busca.

2.9. Fomentar uma orientação direcionada à resolução de problemas e não à culpabilização. Gerar propostas no lugar de queixas e acusações.

Os pais de Jorge, de 9 anos, apresentam-se envergonhados frente ao terapeuta. Na tentativa de explicar os problemas de comportamento do seu filho, comentam o quão jovens eram quando ele nasceu, o pouco preparados que estavam como pais e tentam fornecer ao terapeuta uma extensa lista de erros e possíveis situações traumáticas, às quais, por sua suposta incapacidade, expuseram o seu filho.

Os vieses atribucionais rígidos demais e globais costumam diminuir a motivação e entorpecer a busca de alternativas para a mudança. Questionar as culpabilizações inúteis e as posturas acusadoras e intransigentes favorece a responsabilização e as atitudes proativas.

O terapeuta, atento ao estilo atribucional interno, global e estável do casal, normaliza estas dificuldades na criação, destaca os seus recursos e os foca nas alternativas plausíveis de serem geradas no aqui e agora para obter as mudanças.

Em síntese, ao incorporar as figuras significativas na criação da criança, pretendemos potencializar e generalizar os resultados nos ambientes usuais onde os problemas se apresentam. Habilitar os pais como coterapeutas tende a transformar o lar em um contexto terapêutico onde os aprendizados conjuntos continuarão.

Prevenção de recaídas

Nas fases finais do tratamento costuma-se realizar um trabalho de prevenção de recaídas que consiste em transferir as diferentes estratégias utilizadas que obtiveram bons resultados na resolução do conflito. Antecipa-se o possível surgimento de estressantes significativos e fomenta-se uma atitude autônoma de enfrentamento.

Conclusões, considerações e perspectivas futuras

Vale a pena esclarecer que continuamos considerando a intervenção direcionada a familiares e contextos educacionais como parte fundamental nos nossos tratamentos. Neste sentido, os programas de treinamento para pais ou as intervenções destinadas a obter consensos operacionais em ambientes conflitivos, típicos da literatura em Terapia Familar, constituem, em muitas situações, situações metodológicas de escolha que a conceitualização do caso nos leva a implementar.

Entretanto, decidimos enfatizar nestas linhas a transmissão de formulações e ferramentas pouco divulgadas no nosso âmbito: o trabalho sobre as cognições e medidas de enfrentamento das crianças e adolescentes junto ao terapeuta na situação de consulta.

Consideramos pertinente lembrar alguns aspectos chave que se desprendem dos conceitos desenvolvidos até aqui, os quais são expostos no quadro a seguir:

Chaves para o Fracasso Terapêutico com Crianças e Adolescentes[2]

---

1. Não tenha interesse pelos gostos da criança, a aliança não importa.
2. Seja entediante e estruturado. Não se divirta com ele.
3. Obrigue-o a vir.
4. Não o faça participar.
5. Não defina ou esqueça os objetivos com a criança.
6. Trabalhe somente com a criança.
7. Dedique-se somente a brincar com ele.
8. Exclua o contexto da criança. Pais, irmãos e escola não influenciam.
9. Responsabilize os pais, mas não lhes dê soluções.
10. Repita o que não funcionou.
11. Ignore alternativas médicas e os guias de prática clínica.
12. Faça com que a criança se adapte ao tratamento, no lugar de adaptar o tratamento a ela.
13. Concentre-se em marcar somente os erros.

---

2 Para mais informações sobre a importância de se evitar erros em psicoterapia recomenda-se a leitura de: SCHWARTZ, B., & FLOWERS, J. V. (2022). Como fracassar na relação terapêutica: Mais de 50 erros para perder ou prejudicar seus pacientes. Belo Horizonte: Artesã Editora.

CAPÍTULO 3

MODELOS DE TRATAMENTO

Tratamento cognitivo-comportamental para a ansiedade em crianças e adolescentes

O mal-estar e as consequências negativas ocasionadas pelas fobias na infância costumam ser subestimados (March, 1995). Atualmente, sabe-se que as crianças apresentam numerosos medos ao longo do seu crescimento, os quais muitas vezes costumam ser transitórios, de intensidade fraca e esperável para sua idade. Kagan (1988), por exemplo, afirma que a timidez é evidente desde os quatro meses de idade. A bibliografia científica considera estes medos evolutivos como um aspecto normal do desenvolvimento, que proporciona às crianças meios de adaptação a variados estressantes vitais (Morris e Kratocheill, 1987). Os medos mais frequentes durante esta etapa detalham-se na tabela 2.

Estado evolutivo	Situação temida
Do nascimento aos 6 meses	Perda do contato físico com a mãe, barulhos intensos
7 a 12 meses	Pessoas Estranhas
1 a 5 anos	Barulhos intensos, animais, escuro
3 a 5 anos	Monstros, fantasmas
6 a 12 anos	Machucados, castigos, fracasso escolar
12 a 18 anos	Provas e exames, sentir-se socialmente envergonhado ou excluído

Tabela 2 (Dulcan e Popper, 1991).

Os transtornos de ansiedade mais comuns de 8 a 10 anos de idade são: a ansiedade de separação, a fobia específica, a fobia escolar e a ansiedade excessiva infantil. Algumas das manifestações típicas são: os temores referentes a uma possível separação, dano e/ou perda das figuras de apego, o evitamento de situações sociais e formativas, queixas sobre sintomas físicos como dor de estômago, náuseas, cefaleia etc. A Quarta Versão do Manual de Diagnóstico e Estatística da Associação Americana de Psiquiatria (1994) afirma que, nas crianças, a ansiedade pode se traduzir em choro, birra, inibição ou abraços[1].

1 Em sua última edição, revisada e atualizada[3], o DSM-5-TR alerta que a ansiedade em crianças tende a estar relacionada a conteúdos escolares e desempenho esportivo, por exemplo, revelando assim uma característica própria da expressão desta condição. Da mesma forma, o manual descreve ainda a intrínseca relação entre o início dos sintomas de ansiedade e a frequência de gravidade e comorbidades.

Características gerais da ansiedade

A ansiedade é uma reação emocional que ocorre frente à percepção de uma ameaça ou perigo e tem como finalidade a proteção do indivíduo. As pessoas que sofrem de transtornos de ansiedade acreditam estar expostas a uma ameaça física ou social. Se a ameaça estiver objetivamente presente ou não é irrelevante para a experiência da ansiedade, já que o essencial é a interpretação da situação como ameaça pessoal, é a significação dos fatos o que determina a emoção, mais que os fatos em si (Keegan, 1998).

Lang (1978) postula uma teoria tripartite da ansiedade, na qual se podem dar simultaneamente:

- Sintomas fisiológicos, como os cardiovasculares: taquicardia, elevação da T.A., opressão no peito, sintomas respiratórios, como afogamento, e gastrointestinais, como náuseas.
- Cognitivos ou mentais, como: ideias ou imagens catastróficas, sensação de insegurança, sentimentos de inferioridade.
- Sintomas comportamentais, como evitamento, inquietação e parálise.

Cabe destacar que nem toda ansiedade é patológica, mas que pode ser diferenciada entre a ansiedade adaptativa vs. patológica, a qual muito frequentemente caracteriza-se por ser desproporcional com relação ao estímulo, e duradoura, produzindo limitações na vida diária da pessoa que a sofre (vide tabela 3).

Ansiedade Adaptativa	Ansiedade Patológica
Preocupações presentes ou do futuro imediato Desaparece após resolver o problema	Baseada em uma apreciação irreal ou distorcida da ameaça Desmedida, persistente Restringe a autonomia

Tabela 3

Etiologia

A Etiologia do transtorno deve-se a uma combinação de elementos:

- Vulnerabilidade biológica, por exemplo: um baixo limiar de ativação de "excitação" afetiva.
- Processamento enviesado da informação pela criança, por exemplo: magnificar os perigos e desvalorizar os recursos de enfrentamento.

- Transmissão cultural do "viés catastrófico" em ambientes significativos, como a família.
- Experiências de aprendizado, por exemplo: um padrão de apego ansioso na criação.

Pode-se distinguir entre os fatores de predisposição como os genético-hereditários, o temperamento e o aprendizado infantil, de um lado, e, do outro, os fatores precipitantes, os acontecimentos aversivos atuais.

Modelo cognitivo da ansiedade

Alguns autores mencionam como diversas experiências de aprendizado na infância produzem a formação de esquemas de pensamento. Estes podem ser ativados a partir de uma situação determinada, dando lugar a uma modalidade de processamento característica de cada patologia.

Kendall (2000) afirma que o pensamento das crianças ansiosas sobre si mesmos e o mundo costuma manifestar-se como cognições desadaptativas, incluindo temores de serem machucados ou feridos, pensamentos autocríticos e de perigo ou ameaça. O objetivo dos tratamentos cognitivos em crianças não consiste em substituir os seus pensamentos por pensamentos positivos, mas em ajudá-los a identificar e questionar o seu pensamento negativo. O que ele mesmo chama "o poder de não pensar negativamente" (Kendall, 1984). A seguir, destalha-se o modelo de Beck, Emery e Greenberg (1985).

A ansiedade aumenta de acordo com o grau em que:

- superestima-se a ameaça e o custo ou significado que lhe é atribuído (por exemplo: "minha mãe vai embora" e "não vai voltar nunca").
- subestima-se a própria capacidade de enfrentamento e os fatores de resgate (por exemplo: "sem ela não vou saber o que fazer" e "ninguém vai me ajudar").

A ansiedade tende a manter-se devido:

- Às condutas de evitamento.
- A atenção seletiva das ameaças.
- As medidas de segurança.

Estas condutas e modos de processamento impedem a desconfirmação das crenças catastróficas. Por exemplo, evitar ir a lugares sem a mãe, estar pendente de afastar-se e aferrar-se a ela a cada segundo durante a festinha de aniversário de uma criança, impedirá que o paciente se acostume à ansiedade, que comprove que o seu mal-estar diminui com o tempo e que pode se desenvolver somente como o restante das crianças, que a sua mãe, ainda que vá embora, não o deixará para sempre etc.

Estudos de tratamento

Para aprofundar sobre os diversos estudos de tratamento e o detalhe dos manuais de tratamento, o leitor deve consultar:

- Gomar, M., Mandil, J., y Bunge, E. (Comps.). Manual de Terapia Cognitiva Comportamental con Niños y Adolescentes. Editorial: Polemos. Buenos Aires. Capítulos 6, 7, 8 e 9.
- Kendall, P. C. y Kosovsky, R. (2009). El Gato valiente, manual para terapeutas. Editorial: Akadia. Buenos Aires.

Modelos de intervenção: Componentes chave do tratamento (Kendall e Kosovsky, 2009)

- Sequência graduada de atividades de treinamento e tarefas
- Processamento através de dramatizações
- Modelo de enfrentamento
- Atribuição de tarefas (atividades DQP – Demonstrar Que Posso)
- Educação emocional
- Consciência das reações corporais em estado de ansiedade
- Treinamento em relaxamento
- Identificação e alteração do diálogo interno
- Recompensas contingentes
- Prática de habilidades recentemente aprendidas em situações com aumento progressivo de provocação de ansiedade (ou seja, técnicas de exposição) *ao vivo* e/ou na imaginação
- Desenho e realização de um comercial desenvolvido pela criança

TRATAMENTO COGNITIVO COMPORTAMENTAL PARA A DEPRESSÃO EM CRIANÇAS E ADOLESCENTES

Barlow e Durand (2003) indicam que, atualmente, contamos com provas de que bebês de três meses de idade podem deprimir-se e que as crianças de mães deprimidas manifestam marcantes condutas depressivas. Atualmente é sabido que a depressão na infância e na adolescência é mais frequente do que se supunha. Entretanto, os transtornos do estado de ânimo, como a distimia, costumam ser ignorados na infância (Kashani, 1990).

As pesquisas que já têm sido realizadas há uns 20 anos apresentam dados alarmantes que destacam a importância de enfatizar no adequado diagnóstico e tratamento da depressão na infância e adolescência. A prevalência da depressão em crianças em etapa pré-puberal varia de 1% a 3% (Fleming e cols., 1989; Whitaker e cols., 1990; Lewinsohn e cols., 1993; Birmaher, 1996); e em adolescentes de 3% a 9% (Birmaher, 1996; Mc Gee e cols., 1990; Garrison e cols., 1992), ou seja, ocorre em níveis comparáveis com os da fase adulta (Lewinsohn et al., 1993; Kashani et al., 1987). Segundo estudos , há um aumento secular da prevalência do TDM e parece que ocorre cada vez em idades mais novas. Em jovens com depressão, o risco de recorrência é significativamente alto e alarmante: estima-se em 45% (Lewinsohn et al., 1999). As taxas de suicídios em sujeitos de 15 a 19 anos incrementaram-se em cerca de 4 vezes desde 1950. Isto encontra-se fortemente ligado ao abuso de substâncias durante a adolescência, um elevado impacto acadêmico (Birmaher, 1996) e a presença de transtornos comórbidos (Grupo de Estudo do Tratamento para os adolescentes com depressão, 2005).

Estudos de tratamento

Para aprofundar sobre os diversos estudos de tratamento e o detalhe dos manuais de tratamento, o leitor deve consultar:

- Gomar, M., Mandil, J., y Bunge, E. (Comps.). Manual de Terapia Cognitiva Comportamental com Crianças e Adolescentes. Editorial: Polemos. Buenos Aires. Capítulos 10 e 11.

Modelos de intervenção

Para o tratamento das crianças com transtorno depressivo maior destaca-se o programa de Stark et al. (1987), para o autocontrole.

Para o caso dos adolescentes com transtorno depressivo maior dentro dos diferentes modelos de tratamento, um dos que sem dúvida tem sido mais exaustivamente testado é o Curso de Enfrentamento da Depressão – Adolescentes (CADA-Clarke, Rohde, Lewinsohn, Hops e Seeley,1990), que consiste em um programa grupal de 4 a 8 participantes, entre 14 e 18 anos, que é realizado ao longo de 16 sessões de 2 horas de duração. O mesmo tem o formato de um curso com um forte traço psicoeducacional, de caráter não estigmatizante e onde o terapeuta tem um papel de instrutor, diferente do modelo clássico de psicoterapeuta ao qual estamos habituados. As intervenções na fase aguda com os adolescentes envolvem o emprego de diversas técnicas (vide tabela 4).

Componentes chave do CADA
Monitoramento do estado de ânimo
Habilidades sociais
Atividades agradáveis
Manejo da ansiedade
Reestruturação cognitiva
Técnicas de comunicação
Resolução de problemas

Tabela 4

Seguido da fase aguda, inclui uma seção de trabalho com os pais, onde realizam-se 2 sessões em conjunto com os adolescentes, durante as quais cada família treina as habilidades de resolução de conflitos.

Vantagens do tratamento precoce

Em um estudo realizado por Clarke, Rohde, Lewinsohn, Hops e Seeley (1999) observou-se que os adolescentes que recebiam psicoterapia cognitiva para a depressão apresentavam um risco de recorrência de 25%, o qual é uma porcentagem significativamente menor que o que se pode observar em estudos realizados com adultos e no curso natural dos adolescentes que não foram tratados. Isto explicar-se-á pela vantagem que gera tratar a depressão antes de que múltiplos episódios agravem o quadro.

TRATAMENTO COGNITIVO COMPORTAMENTAL PARA OS TRANSTORNOS DE COMPORTAMENTO EM CRIANÇAS E ADOLESCENTES

Esta seção é destinada ao trabalho com as crianças com transtornos externalizantes. Costumam ser incluídos neste conjunto os pacientes com diagnósticos tais como transtornos por déficit de atenção, oposicionistas, desafiadores, de conduta; dissocial e problemáticas variadas, todas relacionadas ao manejo e regulação das emoções, e o controle de impulsos. Esta seção aponta ao trabalho com as crianças externalizadoras que se caracterizam pela impulsividade, cuja implicação na conduta agressiva gera problemas em nível das relações e aprendizado.

Atualmente as principais linhas de abordagem são:

- As que trabalham com os contextos familiares e educacionais; os fatores reforçadores do comportamento da criança, como o caso do programa de orientação a pais de Barkley (1999).
- As que trabalham junto com a criança em prol do desenvolvimento das funções cognitivas de autocontrole, como o de Meichenbaum & Goodman (1971), que foram os primeiros autores envolvidos na TCC que aplicaram o referido enquadramento com crianças, ou o de Kendall e Braswell (1993).
- As que promovem a resolução cooperativa de problemas em ambientes familiares conflitivos, como a de Ross W. Greene e J. Stuart Ablon (2006).

Na prática clínica, os profissionais frequentemente integram componentes destas três linhas de trabalho. Neste livro se dá maior ênfase nas técnicas cognitivas de autocontrole devido a que é principalmente destinado ao trabalho entre a criança e o terapeuta.

Etiologia

Atualmente há um consenso científico com relação a que a etiologia deste tipo de problemáticas seria multicausal. Barkley (2000), por exemplo, postula que a conduta disfuncional das crianças deve-se à relação entre os seguintes fatores:

Características da criança: como os fatores neurobiológicos, os quais influem no seu temperamento e no funcionamento das áreas do córtex pré-frontal orientadas ao planejamento, inibição e controle das condutas. Os fatores psicológicos que, de uma perspectiva cognitiva compreendem tanto o déficit quanto a distorção do processamento da informação e funções de autocontrole da criança.

Estressantes ambientais: compreendem as características dos ambientes de criação, e desenvolvimento da criança, atendendo às modalidades de organização e estratégias para a resolução conjunta de problemas.

Consequências: reforço positivo e negativo dos comportamentos difuncionais. Os reforços consistem naquelas consequências, presentes no contexto, que aumentam a probabilidade de surgimento de uma conduta determinada.

Características dos pais: possível psicopatologia em figuras significativas que o integram.

Por outro lado, Greene e Ablon (2006) postularam recentemente que as condutas explosivas das crianças podem se dever a uma incompatibilidade de características entre os pais e as crianças. Estes podem apresentar déficits na flexibilidade ou adaptabilidade, na tolerância à frustração e/ou na resolução de problemas, os quais seriam produto das dificuldades nas funções executivas, habilidades de processamento verbal, regulação das emoções (crônicas não momentâneas), flexibilidade cognitiva (exemplo: Pensamento Tudo ou Nada, Concreto) e/ou nas habilidades sociais.

Modelo cognitivo dos transtornos de comportamento

A terapia cognitivo-comportamental com o paciente foca em:

- As percepções e os pensamentos das crianças agressivas, as quais costumam se caracterizar pela percepção de ameaças e frustrações.
- As funções cognitivas de autocontrole, ajuste, avaliação e resolução de problemas.

As técnicas e os objetivos estão direcionados aos déficits e as distorções do processamento cognitivo dos eventos e a sua regulação sobre as emoções, principalmente a ira (Kendall, 2000). Esta corresponde à reação de "ataque" na ativação do mecanismo de excitação de "luta e fuga" (Lazarus, 1993).

Estudos de tratamento

Para se aprofundar sobre os diversos estudos de tratamento e o detalhe dos manuais de tratamento o leitor deve consultar:

- Gomar, M., Mandil, J., y Bunge, E. (Comps.). Manual de Terapia Cognitiva Comportamental com Crianças e Adolescentes. Editorial: Polemos. Buenos Aires. Capítulos 12, 13 e 14.

Modelos de intervenção

Para o caso das crianças com transtorno oposicionista desafiador frente ao programa desenvolvido por Barkley e Benton (2000), com orientação aos pais, tem sido um dos mais replicados.

As principais características deste programa consistem em psicoeducar e treinar os pais em:

1. Os princípios para melhorar o comportamento

Proporcionar consequências imediatas ao bom ou mau comportamento
Proporcionar consequências específicas
Proporcionar respostas consistentes
Aplicar programas com incentivos antes de usar o castigo
Antecipar e fazer um plano para contrarrestar o mau comportamento

2. Passos do programa para melhorar o comportamento

Prestar atenção positiva
Reforços verbais
Sistema de pontos
Usar formas de disciplina moderadas
Tempo fora com outros problemas de comportamento
Manejo do comportamento em público
Trabalho com a escola
Sessão de reforço e prevenção de recaídas

Para o trabalho com as crianças impulsivas, o programa de Kendall e Braswell (1993) inclui os seguintes passos, direcionados especialmente à intervenção com a criança.

Resolução de problemas
Treinamento em autoinstruções
Modelagem
Contingências comportamentais
O papel das emoções, educação sobre os afetos
Brincadeira de papéis
Construir um modelo geral de enfrentamento
Tarefas de treinamento

Comportamentos explosivos

Para o manejo dos comportamentos explosivos Greene e Ablon (2006) propõem um treinamento em um Modelo de negociação em situações de conflito. O mesmo ainda não recebeu suficiente apoio empírico, entretanto, os autores consideram que representa um valioso aporte clínico. Não é uma intervenção comportamental, mas um marco de comunicação que envolve o paciente e a sua família. O mesmo aponta a identificar a sequência e os disparadores dos episódios explosivos, já que estes são problemas que têm que ser resolvidos e, ao fazê-lo, permite predizê-los. Dá ênfase nos antecedentes, mais do que nas consequências, porque identificá-los permite ter discussões proativas. Depois descreve três modos de agir frente aos conflitos:

O primeiro consiste em impor as decisões e/ou vontades, costuma ser o caminho mais simples e rápido, mas aumenta a probabilidade dos episódios explosivos.

O segundo consiste em ceder frente às demandas dos demais, o qual evita os conflitos, mas impede aos pais ou às crianças o aprendizado dos comportamentos desejados.

Esta duas opções não costumam satisfazer ambas as partes, somente uma. É por isso que se propõe uma terceira opção, que consiste em tentar chegar a soluções mutuamente satisfatórias para as partes, o qual aponta a reduzir a frequência, intensidade e duração dos episódios, atingir as expectativas dos pais e ensinar as habilidades de que carece o paciente. Para tanto propõe os seguintes passos:

Empatia	Permite sentir-se compreendido e manter a calma Começar com "Percebo que..." ou "Me parece que..." Perguntar para poder definir qual é o problema, qual é a visão da criança e logo poder resolver Não inferir o que está acontecendo, sem perguntar
Problema	Tanto as visões dos pais quanto dos filhos As duas visões devem ser esclarecidas para que possam ser conciliadas Não mostrar a sua posição como solução, por exemplo: "quero que faça isso" ao invés de "fico precupado que..."
Alternativas	Não consiste em dar uma solução, e sim solucionarem juntos Pede a criança que apresente soluções satisfatórias para os dois Concluir pensamentos com "Vamos encontrar uma solução para isto", "Vejamos como podemos resolver..." Não é possível saber a solução de antemão É colaborativo, não unilateral

Considerações finais

Levando em conta os desenvolvimentos teóricos e práticos destes transtornos, que constituem a porcentagem mais ampla da consulta infanto-juvenil, os autores tentaram colocar em gráficos e em imagens aqueles conceitos trabalhados pelos referentes na área, com o fim de poder transmiti-lo de uma forma mais acessível aos pacientes de fala hispânica. Devido a que não se conta ainda com estudos que provem a validade transcultural das pesquisas mencionadas, consideramos imprescindível que doravante possam ser realizados trabalhos que permitam o avanço do conhecimento na clínica com crianças e adolescentes.

SEÇÃO PRÁTICA

MODO DE USO DA SEÇÃO PRÁTICA

A seguir desenvolvem-se diversas ferramentas clínicas. Ainda que sejam redigidas em segunda pessoa, falando ao paciente, presta-se a três modalidades de uso:

1. Podem ser lidas pelo terapeuta para ampliar o seu conhecimento, tomá-las como referência e utilizá-las adaptadas à narrativa particular dos seus pacientes.

2. O terapeuta pode interagir, lendo ou completando em conjunto o que considerar relevante com o paciente durante a sessão.

3. Algumas fichas podem ser utilizadas pelo paciente e/ou os pais entre sessões na forma de tarefa destinada a favorecer a generalização das ferramentas.

Gostaríamos de destacar que mais que considerar estas ferramentas como modelos acabados ou formas únicas de trabalhar os problemas, aspiramos a que as mesmas constituam delineamentos gerais e fontes de inspiração para que cada terapeuta gere os seus próprios recursos adaptados ao seu estilo e necessidades do caso em particular.

CAPÍTULO 4

ENTENDER[1] OS NOSSOS PROBLEMAS

1 N. do A.: esta seção contribui para a realização da conceitualização do caso, psicoeducação e socialização do modelo cognitivo.

Objetivos[2]

1. Que você possa ENTENDER por que muitas vezes você fica triste, bravo ou com medo.
2. Que você possa encontrar uma forma de SOLUCIONAR estes conflitos, aprender a pensar de outra forma e se sentir cada vez melhor.
3. E um terceiro objetivo é que você aprenda a MANTER as soluções que tiver alcançado.

Resumindo:

ENTENDER E SOLUCIONAR
MEUS PROBLEMAS. **MANTER**
AS SOLUÇÕES

Definir o problema

O que acontece nesta historinha?

....

As moscas querem chegar ao queijo, mas batem uma e outra vez no vidro, e é possível que sintam dor pelas batidas, mas não encontram uma solução para o problema.

[2] N. do A.: recomenda-se transmitir e trabalhar oralmente as técnicas apresentadas daqui para a frente.

Qual seria a solução para o problema das moscas?

....

....

Há crianças que uma e outra vez chocam-se contra os seus pais e estão muito bravos com isso, outros que vivem com muitos medos e outros que sentem que tudo os incomoda.

Se você sente alguma destas coisas, para poder lhe ajudar seria muito bom saber:

Quais coisas lhe incomodam e o que gostaria de mudar?

Responda a pergunta do milagre.

Pergunta do milagre[3]

Imagine que uma noite, enquanto você está dormindo, acontece um milagre e seus problemas desaparecem. Ao acordar na manhã seguinte o que você gostaria que tivesse mudado? Que diferenças haveriam? Como você se sentiria?

Você quer anotá-lo?

....

....

....

....

....

[3] De Shazer, S. (1988). Chaves em psicoterapia breve. Uma teoria de solução. Barcelona: Gedisa

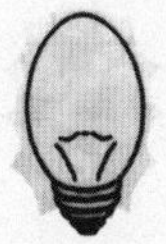

Primeira parte: ENTENDER

Por que tenho problemas?

Em primeiro lugar: "todos temos problemas".

Nos nossos problemas intervêm diferentes fatores[4]:

- O que nos rodeia (família, escola, amigos).
- Os pensamentos.
- As emoções.
- Os comportamentos.
- As sensações físicas.

Vejamos em que consiste cada um dos fatores:

1) **O que nos rodeia:** o que acontece na nossa família, entre os nossos pais, com os nossos irmãos, na escola, o que ocorre com os nossos amigos, no país. "Todas essas coisas podem influenciar em como nos sentimos". Por exemplo:

- Escutar os nossos pais brigando.
- Que o seu irmão o incomode.
- Que um professor chame a sua atenção.
- Que os seus amigos não o convidem ou tirem sarro de você.

Quais coisas aconteceram ou acontecem contigo que podem fazer com que se sinta mal?

....

....

....

....

2) **Os pensamentos:** as coisas que passam pela nossa cabeça são extremamente importantes.

---

[4] Adaptado de Greenberger, D. & Padesky, C. (1995). Mind over Mood. Change how you feel by changing the way you think. Nova York: The Guilford Press.

Os pensamentos podem ser frases curtinhas, como:

- "sou estabanado"
- "...e se me deixam sozinho?" ou
- "o fazem para me incomodar"

Ou podem ser imagens como:

- Imaginar o meu boletim com muitas notas vermelhas;
- Imaginar que estou perdido sozinho em uma praça;
- Imaginar os meus pais gritando comigo.

Quando você tem problemas, quais costumam ser os seus pensamentos mais frequentes?

....

....

....

....

....

Quais coisas costuma imaginar?

....

....

....

....

....

3) **As emoções:** são o que sentimos. São muitas; mostramos algumas:

• Medo	• Alegria
• Braveza	• Euforia
• Tristeza	• Felicidade
• Vergonha	• Diversão
• Tédio	• Esperança
• Nervos	• Orgulho
• Insegurança	• Satisfação
• Desespero	• Convencimento
• Angústia	• Segurança

Quais emoções são as que tem tido com maior frequência?

4) **Comportamentos:** as coisas que você faz ou deixa de fazer, o que você fala aos demais, é a forma como costuma reagir quando você tem um problema. Vejamos alguns exemplos:

- Ficar jogado na cama;
- Gritar com os meus familiares;
- Fugir de situações problemáticas;
- Não ir a festas.

Quais coisas você faz quando tem um problema?

5) **Corpo, reações físicas:** o nosso corpo costuma mudar quando estamos frente a um problema. Sentimos no corpo sensações físicas que em outros momentos não temos, como:

- Palpitações;
- Falta de energia;
- Suor;
- Tremor;
- Músculos tensos.

Quais coisas você sente no seu corpo quando tem um problema? ?

....

....

....

....

....

6) **Família:** todas as pessoas que moram com a sua família podem ser influenciadas pelo que dizem e fazem os demais.

- Se constantemente escutamos a nossa mãe se preocupar com tudo, é provável que nós também comecemos a nos preocupar.
- Se algum dos meus entes queridos sempre vê tudo negativamente, pode ser que nós também o façamos.
- Se perto de mim houver alguém que fica bravo o tempo todo e reage excessivamente, é provável que nos acostumemos a reagir assim.

No quadro a seguir você pode preencher qual dos seus familiares poderia influenciar no seu problema e como.

Familiar	Influenciam no seu problema? Como?
Mãe	
Pai	
Irmão	
Irmã	
Amigos	

Importante:

Todas essas coisas se relacionam entre si:

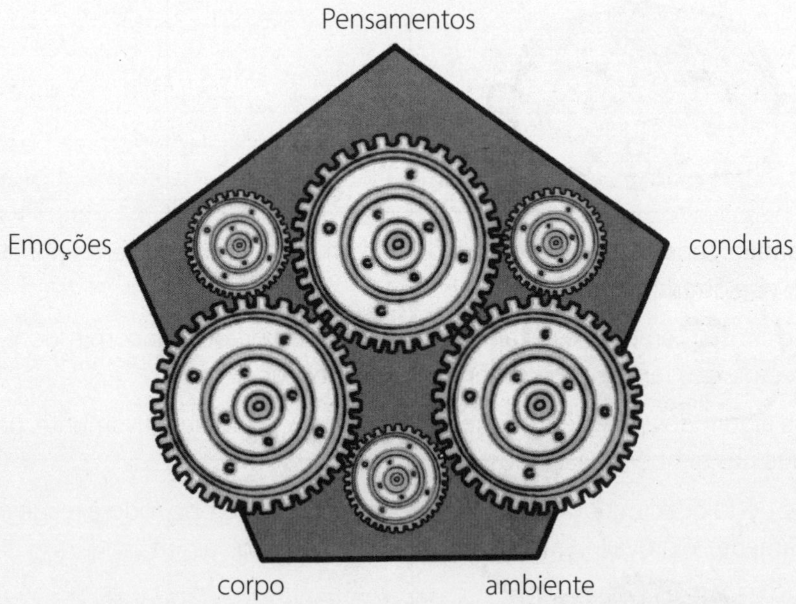

Se mudar uma delas, as outras podem ser modificadas também

O mais fácil é mudar o pensamento

Simplificado pode ser assim:

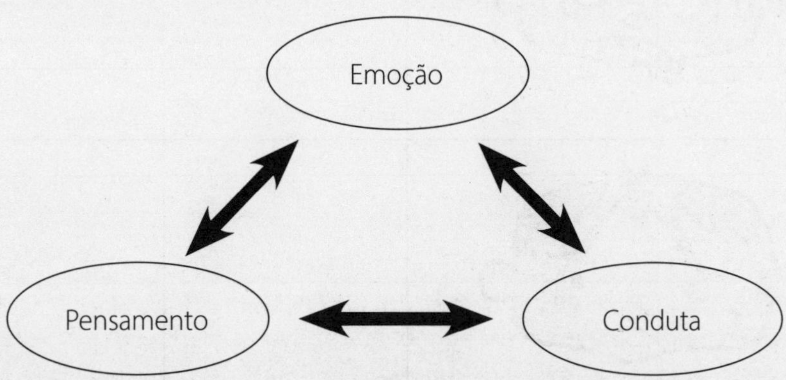

Revisão:

	Que emoções sentem?	**Que devem estar pensando?**

Relação entre pensamento, emoção e comportamento

Para ver como estão relacionados, vejamos o seguinte exemplo[5]:

A

Evento desencadeador
Quebra-se o abajur

→

B

Pensamento
Minha mãe vai me matar

Emoção
Medo

Reação fisiológica:
Tremedeira

→

C

Comportamento
Culpar o ursinho

Importante:

> Se você modificar como pensa, todas as outras coisas podem mudar também

[5] N. do A.: para uma maior compreensão do método A-B-C, ver: Ellis, A. & Grieger, R. (1977). Handbook of rational-emotive therapy. Nova York: Springer.

Resumindo[6]:

- Muitas das coisas que ocorrem conosco dependem do que pensamos frente a cada situação: tanto o que sentimos quanto como agimos em momentos difíceis é causado, em grande parte, pelo que dizemos a nós mesmos ou imaginamos.
- Estes "ideais" e "filmes" internos nos fazem ver e interpretar as coisas de formas diferentes: algumas nos fazem sentir bem e enfrentar as situações. Outras nos fazem sentir mal e nos dão vontade de fugir, nos render ou ficar bravos.
- Quando ficamos bravos, ficamos assustados ou desanimamos muito frequentemente, costuma ser porque interpretamos muitas situações do mesmo modo.
- Esta forma repetitiva, estável e difícil de mudar (às vezes o tentamos, mas pode ser complicado) a aprendemos desde que éramos pequenos.

Conclusão: o que pensamos sobre nossos problemas influi no que sentimos e fazemos.

Pode completar o seguinte exemplo?

6 N. do A.: ver, Burns, D. (1980). Feeling Good, The New Mood therapy. Nova York: William Morrow and company, Inc.

1. O que acontece com Enriqueta?

....

2. Qual é o seu pensamento?

....

3. Qual emoção sentiu?

....

4. Qual foi o seu comportamento?

....

5. Quais sensações físicas teve?

....

Outros exemplos para preencher:

Situação	**Pensamento**	**Emoção**	**Comportamento**	**Resposta Fisiológica**
Meu irmão não quer me emprestar o computador	Ele sempre faz isso comigo, odeio ele	**RAIVA** 		Músculos tensos, calor
Reprovei em matemática	sou um desastre...		Fico sozinho no intervalo	Fadiga, falta de energia
Escuto um barulho desconhecido a noite	será um ladrão?	**MEDO, TERROR** 	Me escondo debaixo das cobertas	

▶

Meus pais me desafiaram		**IRA, FÚRIA** 	Bato uma porta	Palpitações, respiração acelerada
Meus amigos foram ao cinema e não me chamaram		**TRISTE** 	Fico largado na cadeira sem fazer nada	Cansaço, corpo pesado
Estou em uma festa e todos estão dançando		**NERVOSO, VERGONHA** 	Me escondo em um canto	Paralisia, tensão

A seguir há um quadro para que o preencha com uma situação que você mesmo tenha vivido.

Situação	**Pensamento**	**Emoção**	**Comportamento**	**Resposta Fisiológica**

Interpretação

Você pode interpretar uma mesma situação de diferentes formas e isso influi em como você se sente[7].

Estes bichinhos pensam que ficou nublado, você, no entanto, qual explicação encontra para o que ocorre?

....

....

[7] Beck, A. Rush, J. Shaw, B. & Emery, G. (1997). Terapia cognitiva da depressão. ArtMed.

A interpretação que você faz de uma situação depende do seu ponto de vista. E o seu ponto de vista depende do que você pensa (as ideias e filmes que passam pela sua cabeça) nessa situação.

Vejamos este exemplo:

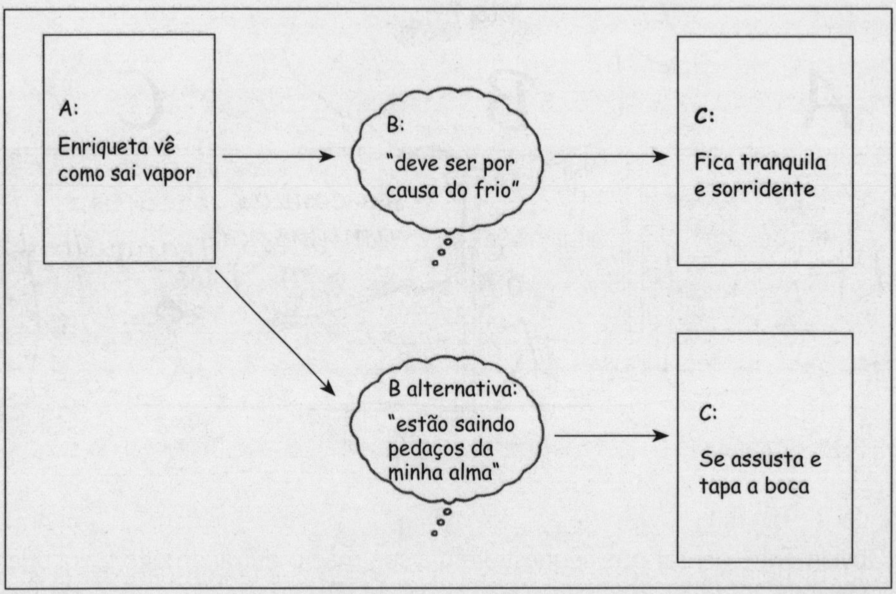

A seguir há um exemplo preenchido por um menino de 11 anos que, quando chega na sua casa, ao ver que a sua mãe não está, imagina algumas coisas:

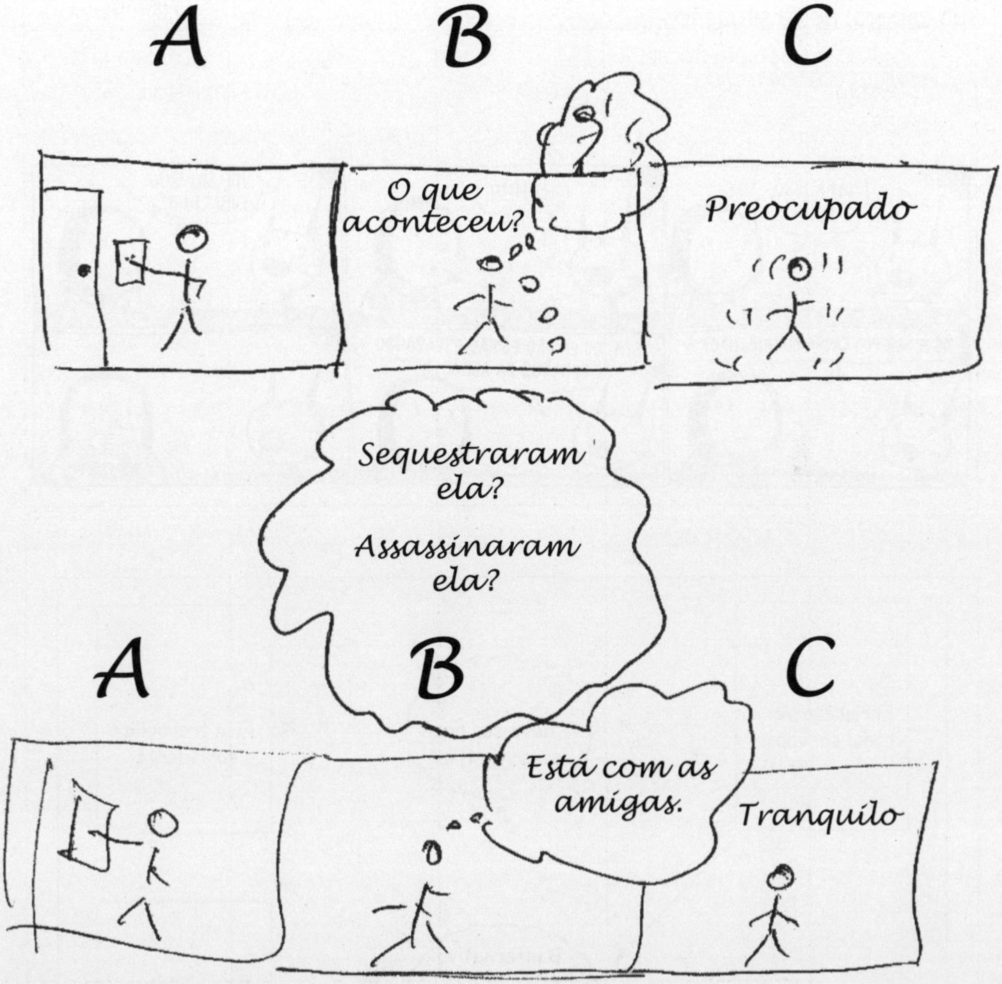

Obviamente, pensar que sequestraram a sua mãe o deixará muito preocupado, mas também pode ocorrer dela estar com os seus amigos e levar em conta isso o deixa mais tranquilo.

A seguir há um exemplo de como, frente a uma mesma situação, você pode pensar coisas diferentes. Preencha: como se sentiria e o que faria em cada caso?

Situação	Pensamento	Emoção	Comportamento	Resposta Fisiológica
A professora disse que meu trabalho não está bom	Sou um fracasso			Fadiga, falta de energia
	Ela me odeia			Músculos tensos, calor
	Meus pais vão me matar			Dor de barriga, fica quieto

Aqui há outro exemplo de como, frente a uma mesma situação, você pode sentir coisas diferentes. Preencha: o que pensaria em cada caso?

Situação	Pensamento	Emoção	Comportamento	Resposta Fisiológica
Meu pai falou que hoje eu não posso jogar bola			Não falo com ninguém e me fecho no quarto	Fadiga, falta de energia
			Esperneio, grito, xingo	Músculos tensos, calor
			Insisto repetidas vezes	Dor de barriga, inquietação

Perguntas para um 10 com estrelinhas

1. Os três objetivos desta apostila são:...................... e ....

   nossos problemas, e .... as soluções.

2. Em um problema podem intervir 5 fatores:

   Pen...........

   E..........

   C..........

   Corpo e

   Ambi..........

3. Os pensamentos são ....

4. As emoções são..

5. Os comportamentos são..

6. Se mudo os meus pensamentos, então minhas emoções

   ....

7. Uma mesma situação pode ser interpretada de

   ....

8. O que sinto vai depender de como as situações

   ....

Esquema-Crenças[8]

Algumas formas de pensar e seu efeito no que sentimos

Quando nos acostumamos a pensar nas coisas de uma mesma forma, interpretamos tudo dessa ótica, mesmo quando não tempos provas de que seja certo. Muitas vezes, estas formas de pensar nos fazem sentir mal. Isto pode ocorrer porque frequentemente erramos na forma de pensar. A seguir mostramos alguns exemplos:

A mulher e o menino têm uma ideia muito forte e não importa se é assim ou não. Essa ideia eles não querem mudar por nada.

Um esquema é uma forma estável de ver as coisas que produz em nós o mesmo efeito no que pensamos, sentimos e fazemos. Costuma ser determinado pelo que acreditamos sobre o mundo, as pessoas que nos cercam e nós mesmos.

---

8 Ver: Beck, J. (1995). Terapia Cognitiva. Conceptos Básicos y Profundización. Nova York: The Guilford Press.

Alguns exemplos do que você pode pensar de você mesmo são:

Divertido	Amargurado	Alterado
Carinhoso	Assustado	Confuso
Muito inseguro	Tonto	Inteligente
Exagerado	Lindo	Feio
Inseguro	Nervoso	Medroso
Mal-humorado	Briguento	Valente
Alegre	Perfeccionista	Vago
Esportista	Bom amigo	Inútil
Perdedor	Ganhador	Distraído
Inquieto	Incomodado	Brincalhão
Estridente	Antipático	Tímido
Seguro	Cômodo	Obsessivo
Desobediente	Exigente	Desconfiado
Solitário	Sedentário	Presunçoso

"EU SOU:

1. ....

2. ....

3. ....

4. ....

5. ....

CRENÇAS OU ÓCULOS

Estas IDEIAS ou CRENÇAS tão firmes que temos de nós mesmos ou dos demais são como os ÓCULOS[9] com os quais vemos a nossa vida.

- Uns a veem com óculos escuros e tudo torna-se mais negativo.

- Outros a veem com óculos claros e podem ver melhor as coisas.

A ideia é aprender a ver as coisas CLARAMENTE*.

* Por "claramente" entende-se poder ver todas as alternativas possíveis frente a uma situação determinada e não somente as negativas ou catastróficas, bem como tampouco se trata de ver somente o positivo.

[9] N. do A.: Ver Nichols, P. (1999). Clear Thinking Talking Back to Whispering Shadows. Iowa: River Lights Publisher.

OUTROS NOMES DAS CRENÇAS

Algumas crianças preferem dizer que estas ideias são como uma fita cassete que temos na cabeça, que sempre nos diz o mesmo, um CD, um chip, o que faz com que muitas coisas sejam vistas do mesmo modo, ou uma armadilha[10] que não nos deixa fazer o que queremos.

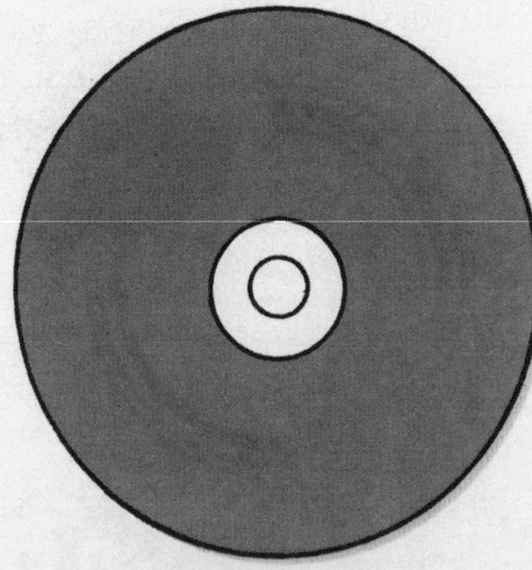

Trocar os óculos, a fita ou o CD com os quais vemos as coisas pode ser útil para pensarmos melhor

10 N. do A.: Ver Young, J. & Klosko, J. (1994). Reinventa tu vida. Barcelona: Ediciones Paidós Ibérica.

ALGUNS EFEITOS DAS CRENÇAS

Vejamos diferentes tipos de CRENÇAS ou ÓCULOS que costumam gerar problemas. Veja com qual se identifica.

Óculos Catastróficos

Tudo é perigoso.

Não posso me defender.

Não posso resolver os problemas.

Pode acontecer alguma coisa comigo.

Vão me criticar.

Tenho que ter muito cuidado.

Sou fraco, frágil.

"Risco"

Óculos Escuros

Sou um inútil.

Ninguém gosta de mim.

Tudo sai errado.

Não sirvo para nada.

Foi culpa minha.

Não me levam em conta.

"Desvalorização"

Óculos Espelhados

A culpa é deles.

Me odeiam.

Estão todos contra mim.

Faz isso comigo de propósito.

Estou farto dele.

São todos uns idiotas.

O que mais se parece da minha forma de ver as coisas é: ....

Por quê? ....

....

....

....

CRENÇAS E PENSAMENTOS

Os óculos determinam o tipo de pensamentos ou imagens que as pessoas têm. Por exemplo:

Alguém com óculos:	Pode pensar:
Catastróficos 	E se eu sair na rua e me roubarem? E se o cachorro me morder? E se tiver germes que podem me passar uma doença?
Escuros, negativos 	Ninguém me quer Sou um inútil Vou repetir de ano
Espelhados 	Todos estão contra mim Meus pais só querem me encher Tem que me deixar fazer o que eu quero

PARA ACABAR DE APRENDER

Quais pensamentos correspondem a cada óculos? Indique com um *x* conforme corresponder:

Pensamento			
Se me verem dançar vão rir de mim			
Não presto pra nada			
Se eu passei nas matérias foi por sorte			
É injusto me falarem o que fazer			
Sou um desastre			
Será que esse barulhinho que eu escutei é um ladrão?			
Pode acontecer algo comigo quando meus pais não estiverem aqui			
Estou cheio dos meus irmãos!!!!!!!			

Em síntese

Óculos catastróficos

Se você usar estes óculos, é possível que você esteja vivendo muito nervoso ou com temores

→ viver mais tranquilo e relaxado

Óculos escuros

Se você estiver com estes óculos, deve estar vivendo de mal-humor, triste, sem muita vontade de fazer as coisas e sem aproveitar tanto quanto poderia do que te acontece

→ viver mais alegre e contente

Óculos espelhados

Se você usa estes óculos, é possível que esteja vivendo irritado, bravo e brigando com muitas pessoas

→ viver com menos brigas, se dando melhor com as pessoas a sua volta, além de ficar melhor em casa e na escola

Perguntas para um 10 com estrelinhas

1. Se muitas vezes sentimos a mesma emoção (medo, tristeza etc.) é porque .... sempre da mesma forma.

2. As CRENÇAS ou IDEIAS que temos de nós mesmos ou dos demais são como os: .... com os quais vemos a nossa vida.

3. Quando vemos as coisas com óculos escuros costumamos nos sentir ....
....

4. Quando vemos as coisas com óculos catastróficos costumamos nos sentir ....
....

5. Quando vemos as coisas com óculos espelhados costumamos nos sentir
....

CAPÍTULO 5

ERROS DE PENSAMENTO

Distorções-Erros de pensamento[1,2]

Contamos que as nossas crenças estáveis sobre o mundo, sobre o que nos cerca e sobre nós mesmos, nos fazem ver e interpretar as coisas de determinada forma. Vimos que são como óculos que dão cor e forma às situações que vivemos, afetando a forma como sentimos e agimos.

Por que é difícil mudar essas formas de pensar que nos fazem sofrer?

Muitas vezes, quando pensamos as coisas que ocorrem conosco, cometemos erros que fazem com que as nossas ideias mais profundas sejam mantidas e não as possamos mudar. Isto deve-se a:

Os erros do pensamento

Quais são?

- Filtro mental
- Conclusões apressadas
- Pensamento catastrófico
- Pensamento mágico
- Pensamento tudo ou nada
- Leitura de mente
- Generalização excessiva
- Desqualificação do positivo
- Magnificação ou minimização
- Pensamentos "deveria" ou "tiranos"
- Rotulação
- Pensamentos perfeccionistas
- Personalização

Vejamos em que consiste cada um deles...

[1] N. Do A.: O trabalho com as distorsões cognitivas é recomendado para pacientes de um nível de pensamento formal devido a que se requer um alto grau de abstração para a compreensão das mesmas. Adaptado de Teoría y Terapia Cognitiva de W. Sacco y A. Beck. En Beckham y Leber (1995) Handbook of Depression. Second Edition. Nova York: Guilford Press.

[2] Burns, D. (1980), Feeling Good, The New Mood therapy. Nova York: William Morrow and Company, Inc.

1. Filtro mental

O que a professora falou à Flor?..

Como Flor a interpretou?..

O que ela está deixando de ver?..

Quando ocorrem muitas coisas conosco e olhamos somente os aspectos negativos, estamos fazendo um "Filtro Mental" e isso pode nos fazer sentir mal. Você pode preencher a sequência[3]?

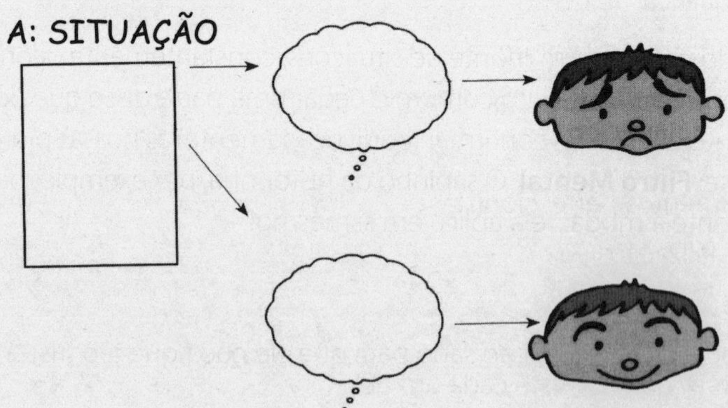

[3] N. do A.: Clarke, Lewinsohn y Hops (1990) em seu manual: Adolescent Coping With Depression Course desenvolvem esta modalidade de trabalho de uma forma extremamente didática para os adolescentes.

Outro exemplo de filtro mental:

O que pensou o sapo?...

Resposta:

Se a roupa verde está "out" (fora de moda), então eu também...

No mundo vivemos um monte de situações; constantemente ocorrem coisas conosco. Uma dificuldade muito comum é pegar uma parte disso que ocorre conosco, tirá-la do contexto e assim confirmar (equivocadamente) as nossas piores suposições; isto chama-se: **Filtro Mental**. O sapinho da historinha, por exemplo, pega uma informação referente a moda... e a aplica em si mesmo!

O que você poderia dizer ao sapo para que ele não fique tão triste?

....

....

....

2. Erro do adivinho

Nesta historinha, a menina sofre um erro muito comum: Conclusões Apressadas. Isto ocorre quando tiramos conclusões sobre algo que ainda não ocorreu e não podemos saber como será.

Por que seria uma conclusão apressada?

....

....

....

....

....

....

Tem alguma alternativa mais saudável para pensar a situação?

Pode preencher o balão?

3. Pensamento catastrófico

Este pai nos oferece um exemplo do **pensamento catastrófico.** Ao exagerar as consequências do perigo, desespera, fica terrivelmente ansioso.

O pensamento catastrófico consiste em:

Aumentar os PERIGOS

Diminuir nossos RECURSOS

Pense em alguma alternativa mais saudável para esta situação. Você pode preencher o balão com a sua resposta?

É óbvio que o pai gostaria que o seu filho brincasse de outras coisas, mas, provavelmente há uma forma mais racional de pensar no problema.

4. Leitura de mente

Leitura de mente

Ninguém tem o poder para saber o que estão pensando os demais. Muitas vezes ficamos triste ou ficamos bravos porque achamos que sabemos o que o outro pensa.

Você costuma estar atento ao que os outros pensam?

....

....

....

Quais coisas você imagina que pensam de você?

....

Você pode saber se isso que imagina é realmente assim?

....

Pense em alguma alternativa saudável para esta situação. Pode preencher o balão?

Outro exemplo de ***"Leitura de Mente"****:*

Este é um caso interessante para pensar a relação pensamento – emoção – comportamento que explicamos acima. A senhorita Rivarola realiza uma **leitura da mente** do Sr. Siviski. Como ela sabe quais são as suas verdadeiras intenções? Além disso, se costuma adivinhar "más intenções" nestes casos vai ficar ficar muito **brava** e vai **evitar** sair com os meninos.

Por favor, ajude a Srta. Rivarola escrevendo um **pensamento alternativo** no balão, que lhe permita ver de outra forma a situação.

Os seus pais, amigos e pretendentes ficarão muito agradecidos!

Você pode preencher a sequência?

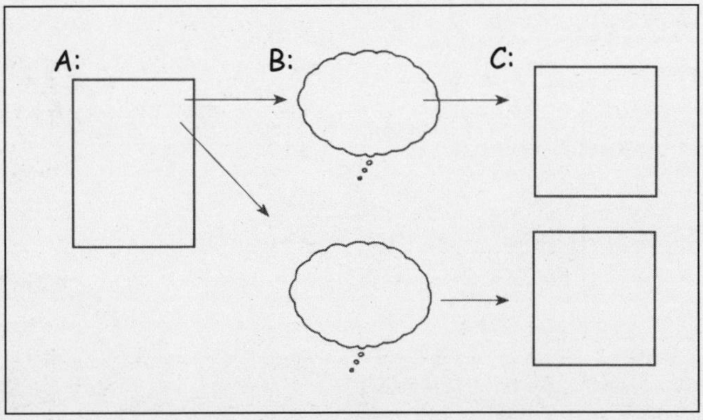

5. Pensamento mágico

Algumas vezes nos assustamos com os nossos próprios pensamentos, pois acreditamos que ao somente imaginar algo, isso pode ocorrer.

Você acha que porque imagina que as listras lhe trazem má sorte, isto lhe fará ir mal na prova? Ocorre-lhe alguma alternativa mais saudável para pensar a situação? Pode preencher o balão?

Pode preencher a sequência?

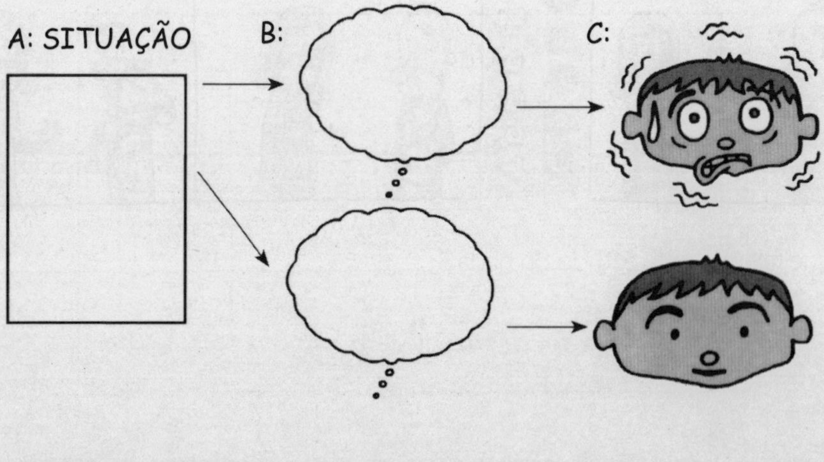

6. Pensamento tudo ou nada

Este senhor teve um dia muito bom, mas, ao ver uma salsinha nos seus dentes, sente "horror". Quando pensamos que uma coisa pode estragar todo um dia, isso chama-se: Pensamento Tudo ou Nada. Quando se pensa que está TUDO BEM ou TUDO MAL. Quando passa-se de um extremo ao outro.

Qual seria uma forma menos extremista de pensar frente a esta situação?

....

....

....

....

Aqui tem outro exemplo de pensamento "tudo ou nada".

Por que falamos que é "tudo ou nada"? ....

....

....

7. Desqualificação do positivo

Pobre garoto! Traz flores à namorada, aluga um filme que gosta, pede sorvete... mas ela não confia muito. Pensa que é para ficar bem, pois fez alguma bobagem, e então não lhe dá valor, ou seja: desqualifica o positivo.

O que poderia pensar a menina em vez de que é somente para ocultar algum problema?

....

....

Você pode preencher a sequência?

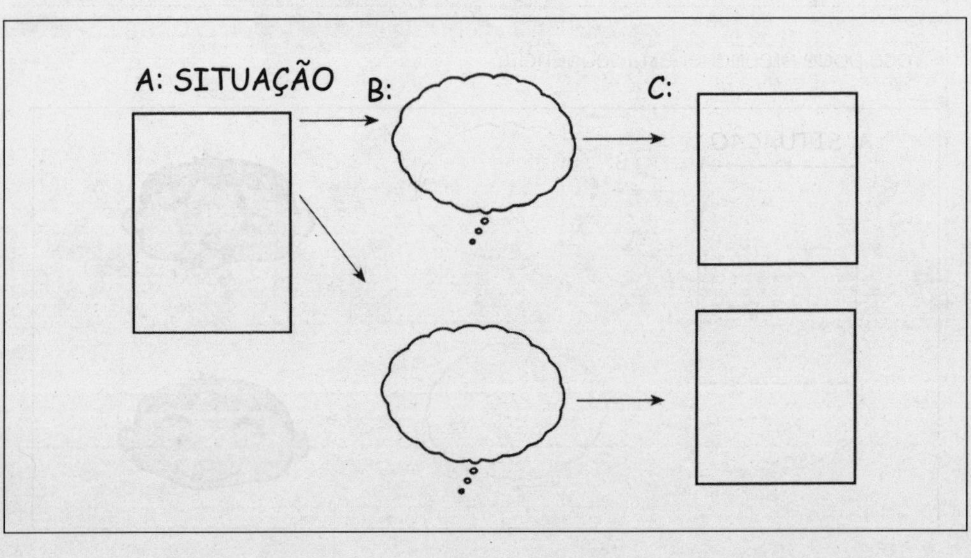

8. Rotulação

Quando você se julga na sua totalidade por uma coisa em particular, está se "etiquetando". Acha que por uma noite na qual você não conquista uma moça pode-se dizer que você é um perdedor? Este menino faz muito tempo que está no bar e não consegue que uma moça olhe para ele, então, coloca uma etiqueta na qual se julga na sua totalidade como um "perdedor" por uma noite em particular na qual as coisas não ocorrem como ele gostaria. Isto chama-se: Rotulação.

O que poderia pensar no lugar de que é um "perdedor"?

....

Você pode preencher esta sequência?

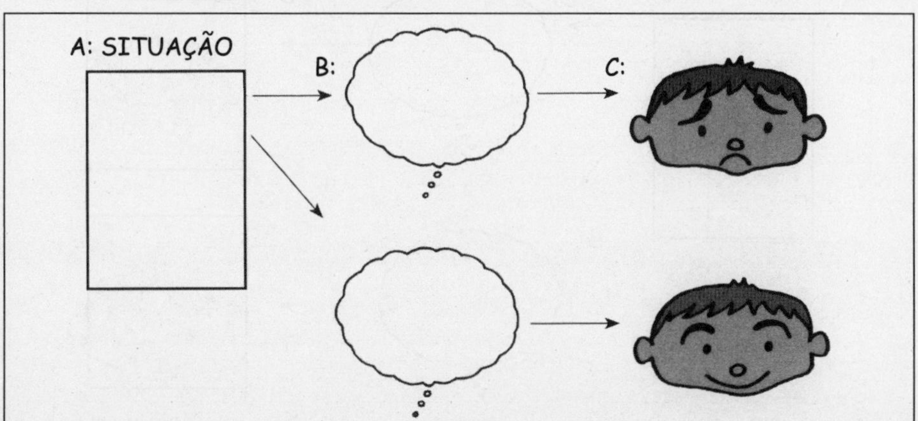

Outro exemplo de Rotulação:

Como o moço que ouve música rotula o seu colega?

....

Você também pensaria que é um idiota?

....

Não escutar os Stones significa que o menino é um "Idiota"?

....

Pode preencher a sequência?

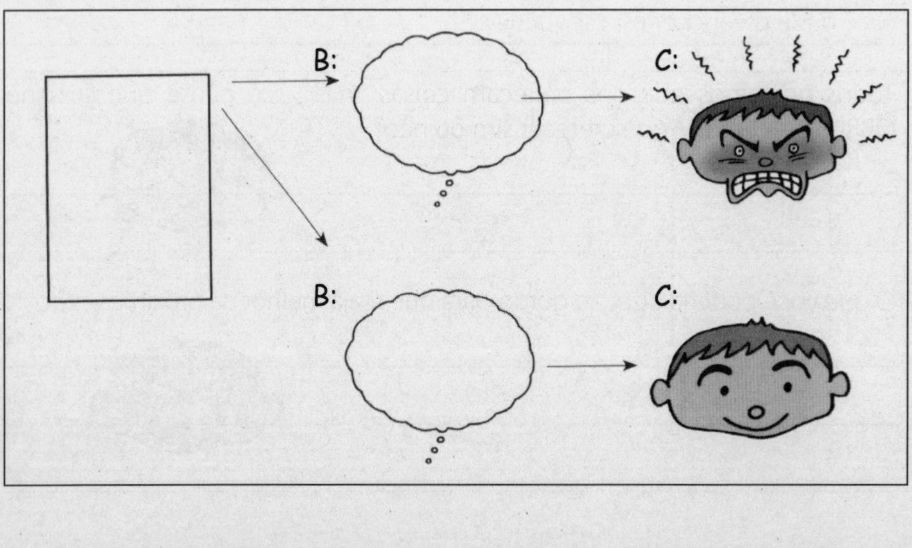

9. Pensamentos "tiranos" ou "deveria"

Os pensamentos tiranos transformam em exigência coisas que GOSTARÍAMOS que fossem assim, mas não necessariamente TÊM que ser assim.

O que o Gordo teria gostado que Luciano fizesse?

....

....

Acha certo que queira que Luciano o ofereça um chiclete?

....

....

Todos gostamos que nos ofereçam coisas, mas você pensa que Luciano é OBRIGADO ou TEM que oferecer sim ou não?

....

....

O que você poderia dizer ao gordo para que reaja melhor da próxima vez?

....

....

....

Outro exemplo de pensamentos Tiranos ou Deveria:

Somos seres humanos e deveríamos aprender com os nossos erros. Nem sempre temos vontade ou podemos agir como os outros esperam! Estas vozes interiores "rígidas" reconhecem-se facilmente porque contêm alguns "Devo" ou "Tenho que" no que dizem.

Você pensa em alguma forma alternativa para que Marina pense nesta situação? Preencha o balão de pensamento.

10. Pensamentos perfeccionistas

Diego surpreende-se com a autoexigência de João. Ele tem expectativas enormes e rígidas sobre quais teriam que ser os resultados dos seus esforços. Para João, o importante, além de brincar, é ganhar de qualquer forma... e de goleada! Desta forma, vive tenso e triste e vive cada prova como uma coisa de vida ou morte.

Apaguemos o balão e, por favor, tente colocar no mesmo uma alternativa que torne a vida de João mais fácil... damos-lhe uma dica: o conteúdo poderia ter uma expressão de desejo, em vez de uma exigência:

Gostaria ...

Vejamos como você continua

....

....

Os pensamentos perfeccionistas fazem referência às metas altas que às vezes nos colocamos. Muitas vezes é bom ter essas metas, mas viram-se contra nós quando pensamos que se não as cumprimos não existimos (como diz o menino acima).

Você pode preencher a sequência?

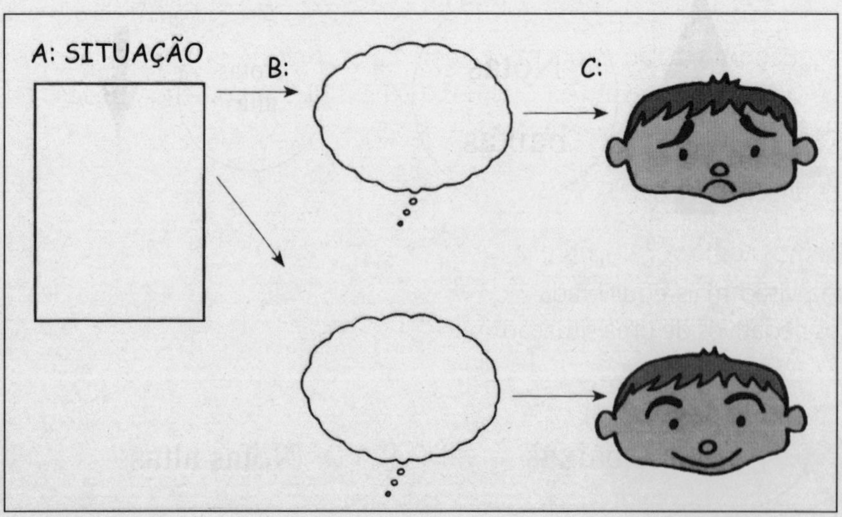

11. Magnificação, minimização:

As duas faces da mesma moeda. Aqui vemos João, sempre depressivo, insistindo no tema das provas. A tia tenta fazer com que veja o seu sucesso em outras matérias... entretanto, João minimiza, diminui o que já alcançou e em troca magnífica, dá mais importância às suas notas "não tão boas".

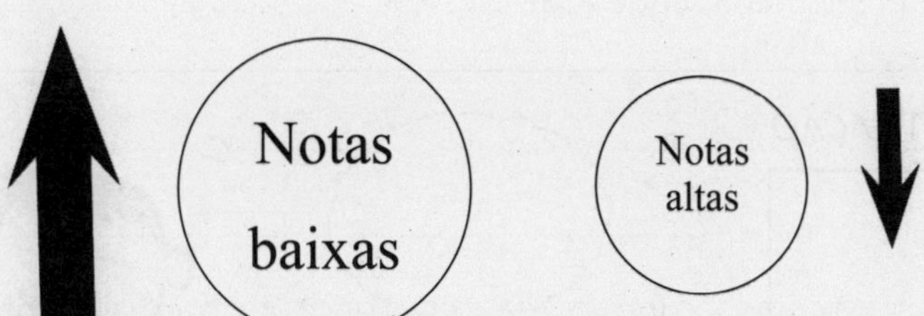

Uma visão mais equilibrada, que levasse em conta os aspectos positivos junto com os negativos de uma situação, mudaria favoravelmente o seu estado de ânimo.

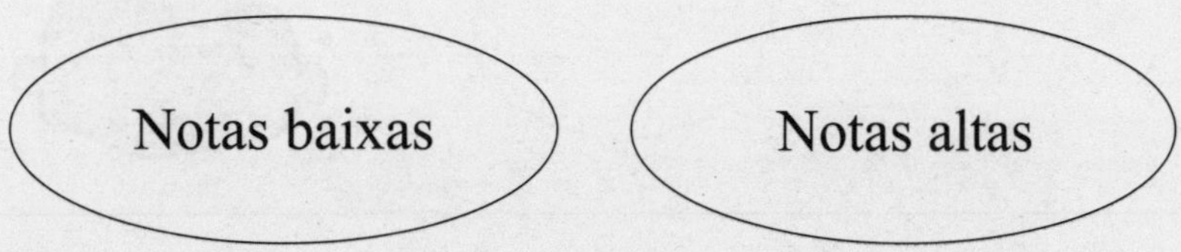

12. Generalização excessiva

Pode ser que algumas crianças dessa escola não lhe agradem. Isso significa que TODOS não lhe agradarão?

....

....

Quando alguma coisa não lhe agrada, pensa que tudo que vai acontecer também será desse modo, isso chama-se generalização excessiva.

O que você pode dizer ao nosso amigo para que veja as coisas mais claramente?

....

....

Outro exemplo:

Alguma vez ocorreu isto contigo? Certamente sim. Costuma ocorrer que por que uma coisa que não dá certo, supomos que o restante das coisas também serão assim. Isto costuma nos predispor mal e obtemos o resultado contrário do que queremos.

Pode preencher a sequência?

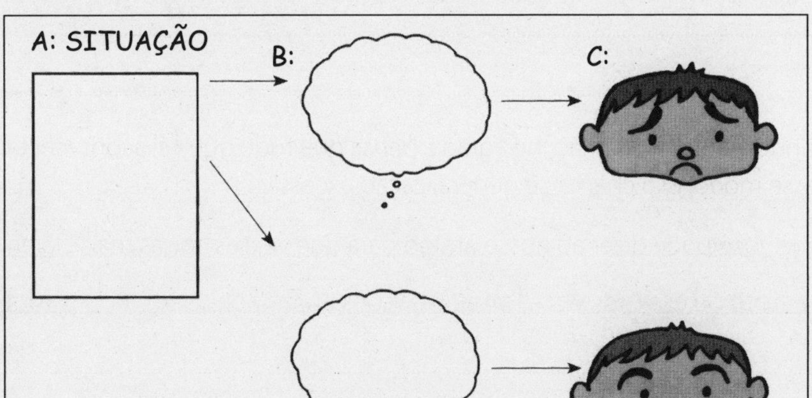

13. Pensamento emocional

Flor pensa que se dará mal PORQUE se sente insegura.

Por se sentir insegura significa que se dará mal?

....

....

O que lhe diz a amiga?

....

....

Levando em conta o que Flor diz, você acha que ela se dará mal?

....

....

Acontece de às vezes você tomar decisões apressadas, seguindo as suas emoções? Conte-nos um exemplo.

....

....

14. Personalização

Beto está com cara feia. Por quê? O que pensou?

....

Se pensa que há algo errado nele, terá muita vontade de continuar estudando?

....

Você pensa em algum outro motivo pelo qual ele tirou 4?

....

Costuma ocorrer com você que quando vai mal em uma prova tem pensamentos negativos sobre você mesmo?

....

O que podemos falar para Beto para que não se sinta tão mal?

....

Nem tudo o que acontece depende de nós.

FOLHA RESUMO DE DISTORÇÕES COGNITIVAS

FILTRO MENTAL: Tirar de contexto o que ocorre conosco.

ERRO DO ADIVINHO (Conclusões apressadas): Predizer o futuro sem ter provas de que será assim. Pensa que as coisas sairão erradas e convence a si mesmo que a sua predição é um fato verdadeiro.

PENSAMENTO CATASTRÓFICO: Exagera nas consequências de um perigo.

LEITURA DE MENTE: Pensa que alguém pensa mal de você e não se incomoda em verificar se é assim ou não.

PENSAMENTO MÁGICO: Pensa que "se penso alguma coisa, então pode ocorrer".

PENSAMENTO BRANCO E PRETO: Vê as coisas somente de duas formas: como perfeitas ou terríveis, como muito boas ou muito más. Se o que você faz não fica perfeito, você vê a você mesmo como um fracassado.

DESQUALIFICAÇÃO DO POSITIVO: Desqualifica coisas positivas, insistindo que "não contam" por uma razão ou outra e continua aferrado a uma crença negativa, mesmo quando há coisas positivas que a desconfirmam.

ROTULAÇÃO: Em vez de contar como alguma coisa deu errado, coloca um rótulo negativo a você mesmo de "sou um perdedor". Quando alguém faz alguma coisa que lhe incomoda, coloca um rótulo negativa nele de "é um idiota".

PENSAMENTOS TIRANOS (DEVERIA): Você tortura a você mesmo e os demais com o que deveria ou teria que ser feito, em vez de pensar que seria melhor se fizesse tal coisa ou que seria bom que o outro fizesse tal outra.

PENSAMENTOS PERFECCIONISTAS: Colocar metas muito altas como única opção válida (tenho que tirar sempre 10, ou sou um medíocre).

MAGNIFICAÇÃO E MINIMIZAÇÃO: Magnifica a importância de certas coisas, como os seus erros ou o sucesso de outra pessoa e minimiza o seu sucesso ou os erros dos outros. Isto lhe faz sentir pior que o resto.

GENERALIZAÇÃO EXCESSIVA: Usa um exemplo de algo para tirar conclusões sobre um monte de outras coisas. Vê uma coisa negativa como uma cadeia de coisas negativas que ocorrerão.

PENSAMENTO EMOCIONAL: Quando escuta o seu coração falar, deixa que os seus sentimentos decidam qual é a realidade da situação. Se sente que o que está lhe ocorrendo é ruim, então decide que certamente seja mau.

PERSONALIZAÇÃO: Quando acontece uma coisa ruim, pensa que é culpa sua, ainda que não tenha tido nada a ver com isso, ou que também tenha sido culpa de outro.

Como tudo se relaciona?

O que acreditamos sobre nós mesmos, as pessoas que nos cercam e o nosso futuro faz com que, frente aos problemas, pensemos, sintamos e atuemos de modos que produzam repetidamente os mesmos resultados negativos.

E estes resultados que obtemos no mundo que nos rodeia, a medida que os interpretamos de forma errada, fazem com que as nossas crenças – cd's – óculos – mais prejudiciais sejam mantidas.

Como acabar com um círculo vicioso assim?

Agora que você entendeu como os problemas permanecem e pioram, te convidamos a partir para segunda parte do livro...

CAPÍTULO 6

SOLUCIONAR os nossos problemas

Externalizar o problema[1]

Este problema que tantos incômodos gera para você é um inimigo contra o qual quero que lutemos juntos. Seria muito bom que você desse um nome para identificá-lo a partir de agora.

Nome do problema:

....

....

Mapa do problema

Como pode ocorrer de que em alguns casos gere dificuldades para nós e em outros não, é importante poder fazer um mapa do problema. Olhe o mapa que fez Cami, de 14 anos, para o problema que tinha da sua timidez:

Problema: "Difícil falar"
nome: "speaky"

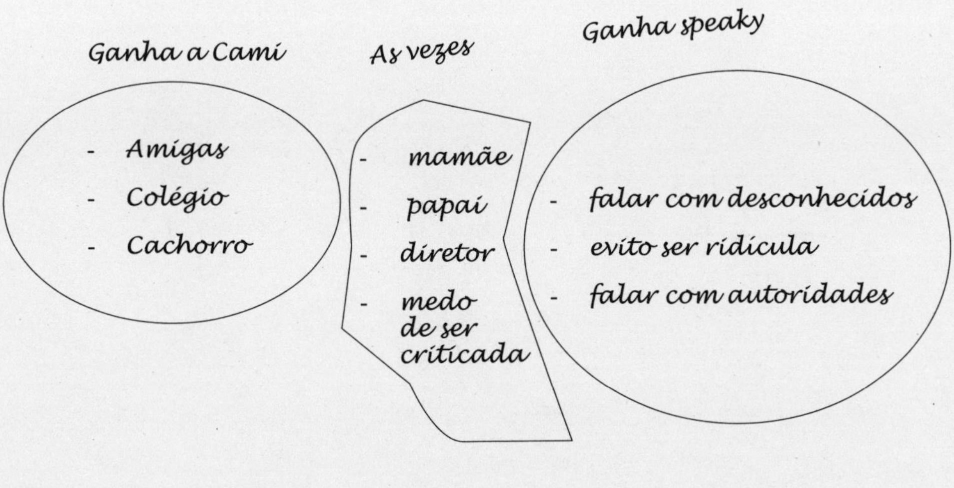

[1] March, J. e Mulle, K. (1998). OCD in Children And Adolescents. A Cognitive-Behavioral Treatment Manual. Nova York: The Guilford Press.

A seguir queremos que anote em quais situações se sente forte e vence o problema e em quais o problema ganha de você.

Sempre venço eu.

1 ....
2 ....
3 ....
4 ....
5 ....
6 ....
7 ....

Às vezes venço.

Vence o problema.

1 ....
2 ....
3 ....
4 ....
5 ....
6 ....
7 ....

Seria muito bom começar a lutar contra o problema para poder ganhar terreno.

Sempre venço eu.

1 ....
2 ....
3 ....
4 ....
5 ....
6 ....

Às vezes venço.

Vence o problema.

1 ....
2 ....

O que você faz que não dá certo para vencer o problema?

O PROBLEMA **COISAS QUE FAÇO – EU:**

O que faz que dá certo com o problema?

O PROBLEMA **COISAS QUE FAÇO – EU:**

Vencer a Passividade

Muitas vezes, quando nos sentimos mal, colocamos a culpa nas situações externas e esperamos que a solução venha de fora, que aconteça alguma coisa para que os nossos problemas sejam solucionados.

Outras vezes duvidamos e não tomamos decisões por ter medo de errar:

Ou não temos coragem de correr riscos:

Ou pensamos que vai dar tanto trabalho mudar que nem queremos tentar.

Para levar em conta:

> Nos momentos difíceis podemos esperar que nos ajudem ou que tenhamos sorte, mas na maior parte das vezes a mudança vai depender de nós mesmos.

Manfredi decidiu dar o primeiro passo, e você?

A seguir damos algumas dicas para realizar as mudanças que está buscando:

1. Reconhecer.
2. Pesquisar e analisar.
3. Enfrentar (para mudar os nossos pensamentos, emoções e comportamentos).

1. Reconhecer:

As queixas geralmente não fazem mais que agravar as brigas e discussões. Por isso, propomos que tente transformar as suas queixas em problemas possíveis de serem solucionados. Vejamos os seguintes exemplos.

Transformar a queixa em um problema!!

Caso 1: "Óculos espelhados"

Queixa: Estou farto da minha mãe. A única coisa que é importante para ela é que eu faça a tarefa. Cada vez que volto do colégio brigamos pela mesma questão. É insuportável.

Problema: Quando chego do colégio, minha mãe quer que eu faça a tarefa, mas eu preciso descansar. Isso nos predispõe a brigar.

Sinal: Enquanto ela pergunta se tenho tarefa, eu aperto os dentes e os punhos, o coração acelera e sei que nesse momento começo a gritar.

Consequência:

Para fazer 3 exercícios ficamos brigando 2 horas.

Digo coisas feias para a minha mãe, que na realidade não penso quando estou tranquilo.

Talvez a machuque.

Algumas vezes me deixa de castigo e tira o meu computador ou a televisão.

Caso 2: "Óculos catastróficos"

Queixa: Odeio ir ao colégio. Basta de insistir, porque quero ficar em casa.

Problema: Tenho muito medo de ir ao colégio. Penso que posso ter um ataque de pânico e ninguém vai poder me ajudar. Mas minha mãe acha que é muito importante que eu vá.

Consequência: Minha mãe me obriga a ir mesmo assim. Muitas vezes acabamos brigando na porta do colégio. Em várias oportunidades minha mãe chegou tarde no serviço.

Sinal: Quando a minha mãe me dá o uniforme, vem na minha cabeça a imagem de que estou no colégio e me dá um ataque de pânico, e todos riem de mim. Então, começo a ficar nervoso, começo a transpirar e tenho vontade de chorar.

Caso 3:

Queixa: Meus colegas me deixam de lado, me enchem. Por isso não os chamo.

Problema: Não me sinto seguro.

Consequências: Fico isolado. Não me sinto amigo deles. Fico entediado com frequência. Alguns colegas não me convidam aos seus aniversários.

1. Os problemas parecem começar sempre de modo parecido
2. Posso reconhecer quando começam
3. Me trazem consequências negativas
4. O meu jeito de enfrentar pode acabar aumentando os problemas

Nome:	
Minha queixa é:	
Meu problema é:	
Os sinais de perigo são:	
As consequências são:	
Coisas que faço que pioram o problema:	

Certamente muitas vezes você escutou a frase: "a gota que faltava". Aqui apresentamos uma técnica para que perceba quando está frente a uma dificuldade e não reaja com nenhuma gota.

Terapeuta: É muito importante que a partir de agora você comece a perceber quando tem que trabalhar para estar melhor.

Cliente: Como faço para saber que tenho que começar a trabalhar?

T.: O importante é reconhecer os sinais de alarme.

C.: E o que é isso? Quais são?

T.: Vejamos:

Reconhecer as sensações físicas e as emoções:

- Tremedeira, cansaço, vontade de chorar, medo

Reconhecer as consequências do que eu estou quase fazendo:

- Castigo, punição

Reconhecer o impacto que eu provoco nos outros:

- Meus pais e professores estão levantando o tom da voz, estamos brigando, minhas notas estão ruins

Sensações que tenho quando fico:

Ansioso

Palpitações
Suor
Tremedeira
Inquietação
Nervoso
Tensão
Paralisia
Curiosidade
Palidez

Triste

Cansado
Chateado
Bravo
Vontade de chorar
Sem força
Mau-humor
Incomodado
Dolorido

Bravo

Tensão muscular
A voz muda
Grito
Coração bate mais forte
Calor

"Se sinto alguma destas muito forte ou com muita frequência, tenho que começar a trabalhar".

2. Investigar os nossos Pensamentos[2]

Lembra que contamos que a nossa forma de pensar as coisas tornam os problemas maiores? Muitas vezes a nossa tristeza e o nosso nervosismo pioram se deixamos a nossa cabeça funcionar demais sem investigar se o que pensamos está certo. Quão melhor teria podido dormir esta menina se tivesse investigado a verdadeira causa do barulho!

O que teria descoberto Enriqueta se investigasse os seus pensamentos?

....

Como teria se sentido depois de descobrir que era Fellini que fazia esse barulho?

....

Ocorreu alguma vez alguma coisa parecida contigo?

....

Se você tivesse investigado os seus pensamentos, o que teria descoberto?

....

2 Vide: Empirismo Colaborativo en: Teoría y Terapia Cognitiva de W. Sacco y A. Beck. En Beckham y Leber (1995). Handbook of Depression. Second Edition. Nova York: Guilford Press.

3. Enfrentar

Evitar aquelas coisas que nos assustam tampouco ajuda. Podemos nos sentir seguros durante um certo tempo... mas permanentemente tristes e insatisfeitos. Seria muito mais saudável pedir ajuda ao seu terapeuta para ver como, aos poucos, volta a enfrentar as coisas.

Aqui há alguém com medo de que lhe aconteça alguma coisa ruim, olhe:

Ao personagem desta história nunca ocorreu NADA, nem de bom nem de ruim. Quando evitamos coisas por temor, temos a ideia de que alguma coisa ruim poderia ter acontecido conosco e, ainda, perdemos a oportunidade de que aconteçam coisas boas e, com o tempo, ganhar confiança.

Sempre é mais sadio colocar a prova as coisas ruins que pensamos de nós mesmos e dos que nos cercam. Testando, aos pouco, o que ocorre realmente nas situações que tememos e/ou rechaçamos.

Por outro lado, a medida que fazemos coisas, aprendemos alguma coisa nova.

Ainda que seja aos tropeços, não tenha medo dos erros. Eles são a melhor chance de aprendizado!

A seguir veremos juntos formas divertidas de solucionar os problemas mais comuns das crianças: medos, tristezas e bravezas.

CAPÍTULO 7

ENFRENTANDO MEDOS, NERVOSISMOS E ANSIEDADES

LEÕES E CAÇADORES

O que é a ansiedade?[1]

> A ansiedade é uma emoção que se sente quando estamos frente a um perigo que pode ser real ou imaginário e gera uma reação em nosso corpo e em nossa mente.

Quando estamos ansiosos pode ocorrer que:

1. Surjam ***sensações físicas*** como: Taquicardia, inquietação, tonturas, tensões musculares, dores de cabeça, confusões e dores estomacais.

2. Tenhamos formas especiais de ***ver e pensar*** as coisas (óculos catastróficos): Automaticamente olhamos para o lado perigoso das coisas, pensamos especialmente nos obstáculos que temos que enfrentar e em tudo de ruim que poderia acontecer. Os pensamentos ansiosos costumam ser do tipo: "e se acontece..."

3. ***Comportamentos particulares***, ou seja, impulsos de fazer coisas de forma quase automática: vontade de fugir dos problemas que nos perturbam, tentativas de evitar pensar neles (ainda que frequentemente não o consigamos, já que voltam uma e outra vez para ocupar a nossa mente) e a tendência de buscar o que nos proteja do que tememos.

[1] N.do A.: Para complementar esta conceitualização da ansiedade vide: Wells, A. (1997). Cognitive Therapy of Anxiety Disorders. A Practical Manual and Conceptual Guide. Nova York: John Wiley & Sons.

A ansiedade: amiga ou inimiga

Às vezes a ansiedade é a ***nossa amiga***:

Funciona como um **alarme natural** que liga quando enfrentamos situações perigosas ou difíceis (provas, ficar sozinhos em um lugar desconhecido ou inseguro etc.), **preparando** todo o **corpo** e a **mente** para reagir rapidamente e enfrentar aquilo que nos preocupa.

Quando estamos ansiosos podemos **pensar** e **correr mais rápido**, perceber instantaneamente as coisas que nos ameaçam, pensar em soluções de emergência em um piscar de olhos etc.

Às vezes a ansiedade é a ***nossa inimiga***:

Quando ocorre de forma muito **intensa** e **frequente**, podemos ficar constantemente nervosos e/ou temer coisas irreais ou que não são uma ameaça verdadeira.

Por exemplo, há crianças que têm medo de cachorro, de escuridão, de que apareçam ladrões, mesmo quando estão em um local seguro e conhecido, de se afastar ou se perder dos pais, e inclusive das suas próprias sensações corporais naturais, exagerando-as e pensando que se trata de doenças graves.

Onde sinto a ansiedade?

Cada um sente a ansiedade em diferentes partes do corpo.

A seguir mostramos uma criança com algumas das sensações possíveis.

Pode se desenhar e marcar onde sente a ansiedade?

Por que sentimos ansiedade?

Observe o desenho a seguir e conte por que esta criança fica ansiosa

DO QUE ESTE MENINO TEM MEDO? DO CACHORRO OU DO QUE ELE IMAGINA DO CACHORRO?

Fica ansioso porque:

- o cachorro é perigoso?
- IMAGINA que é perigoso?

Alarmes que funcionam bem
e
alarmes que funcionam mal[2]:

Isto é parecido do que acontece com os alarmes dos carros: quando **funcionam** bem, disparam somente se ladrões tentam roubar o carro. Viu o que acontece quando **funcionam mal** e ficam desregulados? Disparam por qualquer coisa! Uma forte corrente de ar, alguém que inocentemente se apoia sobre o porta-malas... pode fazer com que fique apitando a noite inteira, sem motivo suficiente!

Nos seres humanos, **esse alarme, que é a ansiedade, também pode ficar desregulado** e ficar soando frente qualquer coisa. E o resultado é: podemos ficar assustados frente a situações que não valem a pena, ficar constantemente nervosos e alterados etc.

---

2 N. de A.: O conceito de Falso Alarme foi revisado e modificado a partir de White y Barlow (1988).

Por que os nossos alarmes ficam desregulados? Como consertá-los?

Pode ser por diferentes motivos:

- Talvez alguma coisa ruim que aconteceu conosco nos deixou a ideia de que coisas inocentes podem ser perigosas.
- Talvez certas histórias que nos contaram (muitas vezes sem ser por mal) nos fizeram ver situações complicadas e os desafios através de óculos catastróficos.

Os exercícios que propomos a seguir podem lhe ajudar a tirar a catástrofe dos seus óculos e regular o seu alarme, para que a ansiedade volte a ser essa amiga que lhe avisa dos verdadeiros perigos e que lhe ajuda a enfrentar situações complicadas!!!

Por que fico mais ansioso?[3]

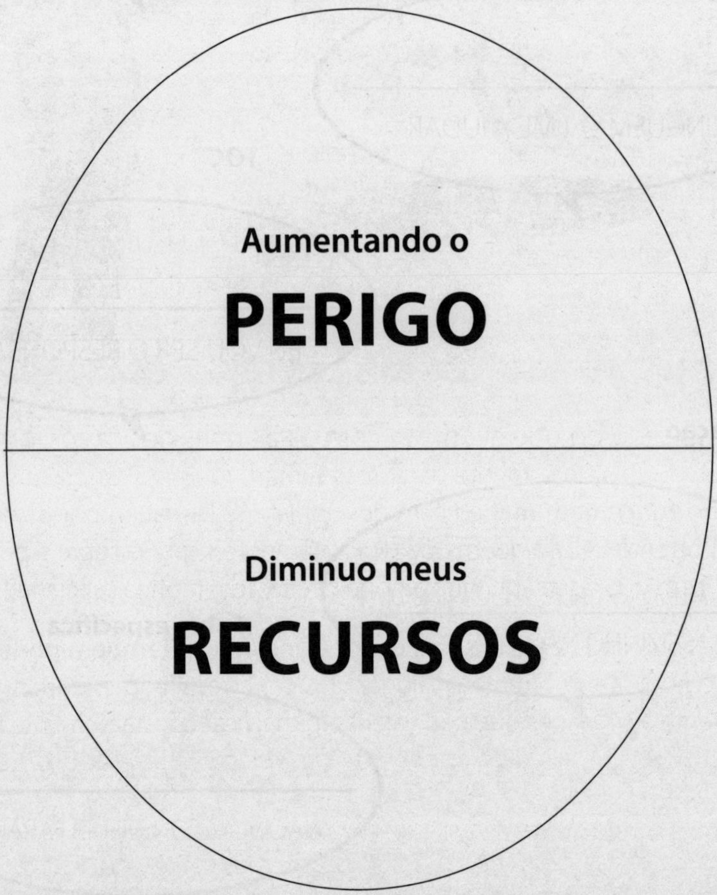

[3] Adaptado de Beck, A., Emery, G. & Greenberg, R. (1985). Anxiety Disorders and Phobias. Nova York: Basic Books.

Qual destes exemplos parece com o que ocorre contigo?

Social

VÃO ME CRITICAR

SOU UM CHATO

Geral

A PROVA VAI SER DIFICÍLIMA

NÃO ENTENDO NADA

Pânico

VOU MORRER

NINGUÉM VAI ME AJUDAR

TOC

ALGO RUIM PODE ACONTECER

EU VOU SER O RESPONSÁVEL

Separação

SE MINHA MÃE NÃO ESTIVER AQUI ALGO PODE ACONTECER

EU SOZINHO NÃO CONSIGO

Fobia específica

O CACHORRO É MAU

NÃO VOU CONSEGUIR PARAR ELE

Como aumentamos o perigo

As crianças que usam óculos catastróficos e que tendem a se assustar com muitas coisas imaginam perigos inexistentes ou aumentam os perigos pequenos.

Lembra alguma vez que imaginou um perigo a partir de algo que viu ou escutou, que no final não era nada perigoso? Como foi.

....

....

....

A partir de agora vamos pedir que cada vez que imagine que há um perigo pense se há um perigo real ou é somente a sua imaginação.

A seguir há uma tabela para ir anotando-os, para que converse sobre isso com as pessoas que cuidam de você ou com o seu terapeuta.

Ficha nº 1: registro de perigos

Dia /	**Semana 1: perigo que eu imaginei**	**Semana 2: perigo que eu imaginei**	**Semana 3: perigo que eu imaginei**
Segunda-feira			
Terça-feira			
Quarta-feira			
Quinta-feira			
Sexta-feira			
Sábado			
Domingo			

"Como aumentamos os PERIGOS e diminuímos os nossos RECURSOS"

O que pensaria e sentiria se encontrasse este LEÃO?

Agora, se esse LEÃO estivesse na sua gaiola, você teria tanto medo?

E se ainda você tivesse um escudo?

E uma arma?

E se você estivesse acompanhado por um guarda do zoológico?

Ou se fosse de brinquedo?

- Muitas vezes aumentamos os perigos e leões que são de brinquedo, pensamos que são reais.
- Também pode ocorrer de esquecer os nossos recursos para enfrentar os problemas, como as grades que encerram o leão, o escudo, a arma, o guarda que nos acompanha.
- A seguir mostramos alguns exemplos e como trabalhar para não aumentar os perigos nem diminuir os nossos recursos.

"Como aumentamos os perigos..."

Quantas vezes você imaginou que o leão ia lhe morder e na realidade era um leão de brinquedo?

A seguir há um exemplo de Matias, de 11 anos, que descreveu algumas situações onde sentia muito medo e a situação acabou sendo muito mais simples do que ele pensava.

Leões que você pensava que eram selvagens	Leões que no fim eram de brinquedo
 (o que pensava antes)	 (o que realmente aconteceu)
Escutei um barulho: "Vão me apagar"	Era uma garrafa caindo
Disparou o alarme: "um ladrão!"	Minha irmã é sonâmbula
"Alguém entrou antes de eu ativar o alarme"	Não tinha ninguém
A luz piscava "vou ficar no escuro"	Minha prima estava brincando com a lanterna
Ruídos na cerca: "Alguém quer entrar"	Era meu cachorro

Ficha nº 2: "como aumentamos os perigos"

Quantas vezes você imaginou que o leão ia lhe morder e na realidade era um leão de brinquedo? Escreva a seguir alguma situação onde sentia muito medo e a situação acabou sendo muito mais simples do que você pensava.

Leões que você pensava que eram selvagens  (o que pensava antes)	Leões que no fim eram de brinquedo  (o que realmente aconteceu)

"Como diminuímos os nossos recursos"

Quantas vezes você tem um problema e esquece de todas as coisas que podem lhe ajudar a enfrentá-lo?

Veja este exemplo que completa Matías.

Situação: escuto um barulho fora do meu quarto.

O que você pensava? Entrou um ladrão.

Escreva todos os recursos que teve ou tem para enfrentar essa situação:

1. teria feito muito barulho ao entrar.
2. o cachorro o teria escutado.
3. os vizinhos o veriam.
4. soariam os alarmes.
5. teria que quebrar as fechaduras.
6. teria que ser burro para escolher esta casa.
7. quando há pessoas é menos provável que queiram entrar.
8. os ladrões não costumam fazer nada.

Sua vez:

Pense em alguma situação que lhe seja problemática e com ajuda da seguinte ficha tente ver todos os recursos que não está levando em conta.

Ficha nº 3: registro de recursos

Situação:

....

....

....

Em que você pensava?

....

....

Escreva todos os recursos que teve ou tem para enfrentar essa situação:

1. ....
2. ....
3. ....
4. ....
5. ....
6. ....
7. ....
8. ....
9. ....

Por que continua a minha ansiedade[4]?

AS MEDIDAS DE SEGURANÇA

1. Não ENFRENTO as situações temidas
2. FUJO sempre que fico ansioso
3. Vivo DEPENDENTE do que me assusta
4. Enfrento as situações somente se conto com AJUDA

---

[4] Adaptado de Beck, A., Emery, G. & Greenberg, R. (1985). Anxiety Disorders and Phobias. Nova York: Basic Books.

1. Não enfrento as situações temidas

O nosso amigo Pepe, por medo, fica sentado e não enfrenta nada. Assim se sente seguro. Isso faz com que mantenha a ideia de que se não estivesse sentado, alguma coisa ruim poderia acontecer e, desse modo, vai viver a vida inteira com medo.

O que você diria a Pepe para que supere os seus medos?

....

....

Quais situações você evita?

1. ....

2. ....

3. ....

4. ....

5. ....

6. ....

2. Fujo cada vez que fico ansioso

Suponhamos que aos poucos Pepe vá ficando de pé, mas continue com alguns medos, como, por exemplo: os elevadores, metrôs, micros e trens.

Se quando Pepe tem que pegar um elevador pensa: "se quebrar, vou ficar sem ar", o que é que provavelmente fará?

....

....

Se cada vez eu estiver frente a um elevador subir pelas escadas, o que vai continuar pensando?

....

....

Se você fosse o psicólogo de Pepe, o que diria para que ele vencesse o seu medo?

....

....

Se você falou que os enfrente aos poucos, poderia ser contratado como o seu psicólogo pessoal!!!

De quais situações você costuma fugir?

1. ....
2. ....
3. ....
4. ....
5. ....
6. ....

3. Vivo dependente do que me assusta

Como Pepe continua tendo medo dos elevadores e trens, cada vez que sobe em um fica olhando para todos lados e atento a cada barulhinho, para ver se algo indica que vai quebrar.

Como já te contratou como psicólogo, explique como vai se sentir se ficar o tempo inteiro dependente disso:

....

....

Em quais coisas poderia fixar a sua atenção no lugar de olhar somente os sinais de "perigo"? Quais coisas podem indicar que não vai acontecer nada? (te dou uma dica: que muitas pessoas sobem totalmente tranquilas).

1. ....

2. ....

3. ....

De quais coisas você vive pendente?

1. ....

2. ....

3. ....

4. ....

5. ....

6. ....

4. Enfrento as situações somente se conto com algo que me ajude

Quando temos medo, costumamos buscar coisas que nos deixem mais tranquilos. Isso pode nos ajudar nesse momento, mas depois temos certeza de que não ocorreu nada conosco graças a isso que nos ajudou. Daí para a frente, vamos ficar assustados ou preocupados sempre que não o tivermos.

Você acha que Enriqueta está segura com esse ursinho?

....

....

Quais coisas você busca ou faz para ficar mais tranquilo?

....

....

Em quais situações você costuma pedir ajuda?

1. ....

2. ....

3. ....

4. ....

5. ....

Para lembrar:

Entre o que você sente e o que faz há um círculo vicioso

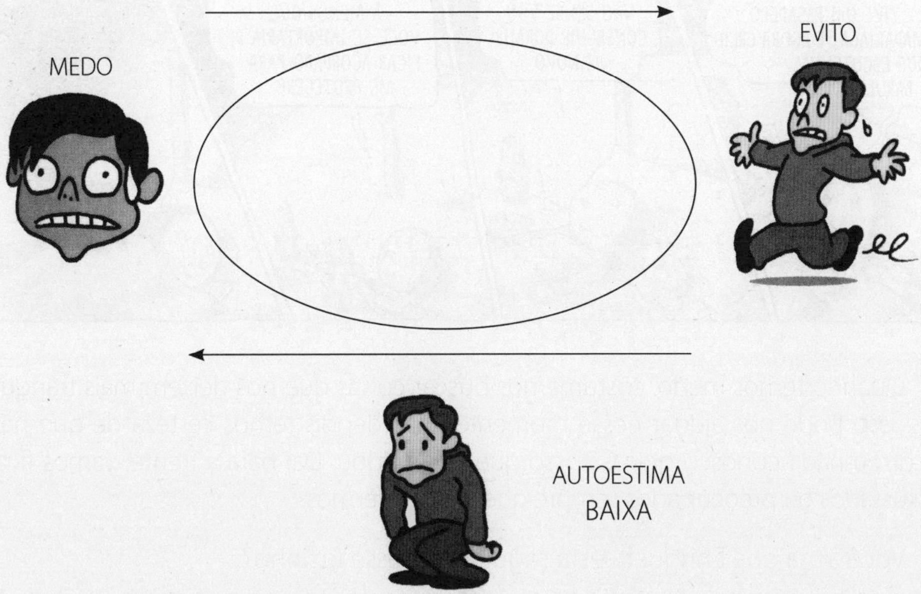

A forma de revertê-lo é fazer a AÇÃO OPOSTA[5]:

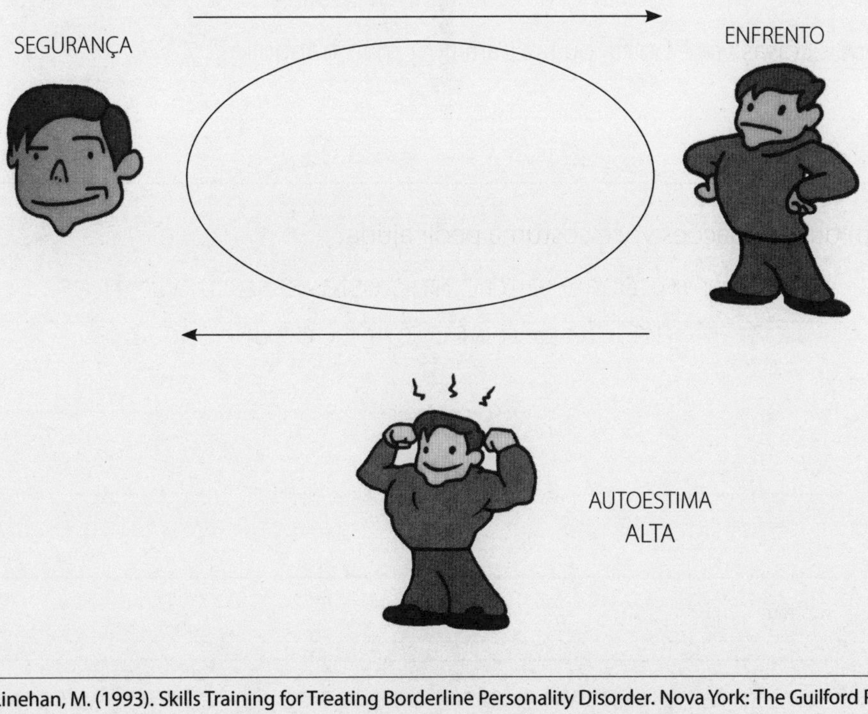

[5] Linehan, M. (1993). Skills Training for Treating Borderline Personality Disorder. Nova York: The Guilford Press.

Para que leve em conta:

Se você continuar fazendo o que está fazendo, vai continuar sentindo o que está sentindo

↓

Se quiser mudar o jeito como está se sentindo, mudar a forma de pensar e agir pode ser eficaz.*

* A seguir mostramos como.

O bom caçador

Quando estamos ansiosos nos sentimos como se estivéssemos com um leão faminto na sua jaula e assim estamos aumentando o leão e esquecemos das coisas que podemos fazer para enfrentá-lo.

Queremos lhe ajudar a que, quando estiver ansioso, olhe como pensa o problema que o deixa mal: aprenda a olhar se o está aumentando terrivelmente e se não está deixando passar coisas que você pode fazer para enfrentá-lo, administrá-lo e resolvê-lo.

Passo 1: Anotar o que você pensa da situação que te deixa nervoso.

Passo 2: Depois, queremos que você se faça as "perguntas do bom caçador".

Passo 3: Anote as respostas das perguntas ao lado.

Um esclarecimento importante:

Com estes exercícios não se pretende que você pense tudo positivamente, nem que nunca veja os perigos, mas que aprenda a questionar os seus pensamentos.[6]

O "poder" não está em aumentar os pensamentos positivos, e sim em diminuir os negativos

[6] Kendall, P. (2000). Child and adolescent therapy. Treating Anxiety Disorders in Youth. Nova York: The Guilford Press.

PERGUNTAS DO BOM CAÇADOR I

Meu pensamento medroso é: 	
Qual a chance, de 1 a 10, que o que eu temo aconteça?	
O que é o pior que poderia acontecer?	
O que poderia acontecer que não seria nem bom nem ruim?	
O que é o melhor que poderia acontecer?	
Respostas para o pensamento medroso: 	

PERGUNTAS DO BOM CAÇADOR II

Meu pensamento medroso é: 	
E se isso acontecer, que armas eu tenho para enfrentar isso? Que eu posso fazer para enfrentar a situação?	
Alguma vez isso já me aconteceu?	
O que eu fiz para resolver?	
Respostas para o pensamento medroso: 	

PERGUNTAS DO BOM CAÇADOR III

Meu pensamento medroso é: 	
O que me faz pensar que vai ser assim?	
O que me faz pensar que não vai ser assim?	
Respostas para o pensamento medroso: 	

PERGUNTAS DO BOM CAÇADOR IV

Meu pensamento medroso é: 	
Quantas vezes eu achei que ia passar?	
Quantas vezes isto aconteceu?	
Quantas vezes isso NÃO aconteceu?	
Tenho uma têndencia a pensar essas coisas que não se realizam?	
Respostas para o pensamento medroso: 	

PERGUNTAS DO BOM CAÇADOR V

Meu pensamento medroso é: 	
Se um amigo pensasse isso, o que eu diria para tranquilizá-lo?	
O que seus amigos te diriam se soubessem o que você pensa?	
Respostas para o pensamento medroso: 	

Outra forma de se fazer as perguntas do bom caçador é a seguinte. Olhe este exemplo:

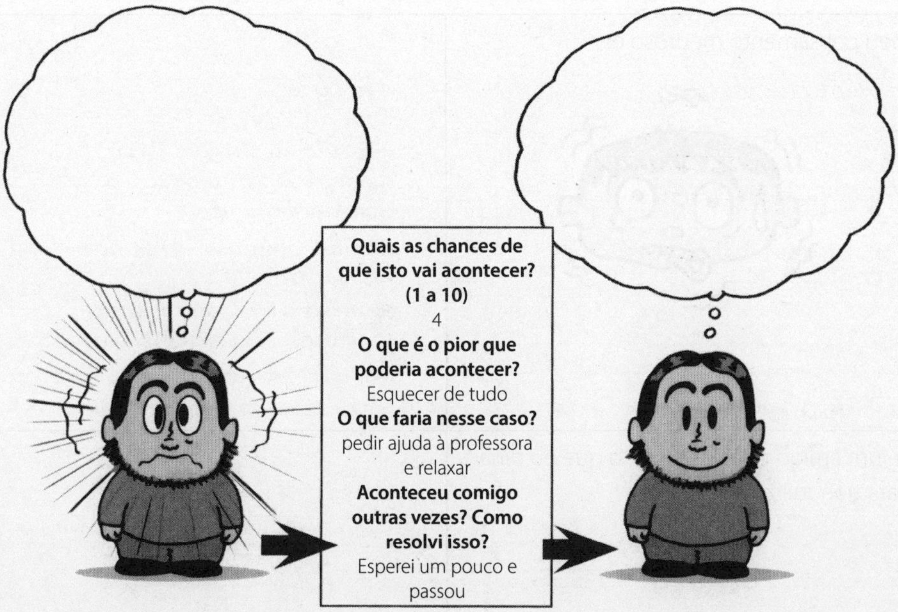

A seguir, quando estiver ansioso, poderá anotar neste quadro a situação, como você a vê, os resultados das "perguntas do bom caçador" e uma forma alternativa de pensar as coisas.

Mostramos um exemplo de Sebas, de 10 anos:

Por último queremos que volte a olhar a situação:

Como é visto o leão agora? Está dentro ou fora da gaiola? É de verdade ou de brinquedo? Tenho armas e guardas que me ajudam?

Coloque outra forma de pensar a situação neste novo "balão de pensamentos".

Agora olhe:

Quanto acredita nesta nova forma de pensar o problema?
Mais ou menos, bastante ou muito?
Como ele faz com que você se sinta?
Um pouco melhor, bastante melhor ou muito melhor?

Para outras crianças é bom anotar os pensamentos e responder com óculos mais claros. Damos um exemplo para que você veja:

Júlio catastrófico diz:	Júlio claro responde:

Vou errar. Vão rir de mim ou me matar. Os meus amigos vão ficar bravos comigo. Um erro me arruina a exposição.	Não vou errar. Se errar, não vai acontecer nada e se riem de mim, não é bom, mas tampouco é gravíssimo. Um erro não faz mal a ninguém. Todos erram alguma vez.

Deixamos um em branco para que você treine.

Meu eu catastrófico diz:	Meu eu claro contesta:

Quando estamos ansiosos pode ser difícil lembrar estas respostas; por isso, algumas crianças as anotam para lembrar delas em outros momentos.

Mostramos o exemplo de Santi, de 12 anos, que tinha que fazer uma prova super importante para ele:

Ficha: leque de possibilidades

Muitos costumam imaginar que as coisas podem ser muito brancas ou muito pretas, muito catastróficas ou muito claras, quando, geralmente, frente a uma situação "perigosa" costuma haver muitas alternativas possíveis.

Levar em conta todas as opções nos ajuda a ver as coisas mais claramente:

O pior que pode ocorrer. Algo normal. O melhor que pode ocorrer.

OS ENSINAMENTOS DO MESTRE NINJA

Viu que bom que é nos filmes de artes marciais quando o lutador oriental aparece com 10 caras para bater nele e ele se mantém tranquilo? O segredo está nas antigas técnicas de relaxamento. Muitas delas têm origem em séculos e séculos de sabedoria oriental.

O primeiro passo de um mestre ninja é aprender a relaxar para enfrentar as situações tranquilo. Dessa forma, costuma resolvê-las melhor. Queremos lhe ensinar algumas técnicas para que relaxe quando enfrenta situações que o deixam ansioso, nervoso, ou tenso.

Uma advertência: isto não significa que você vai poder enfrentar qualquer perigo como o ninja. Também não tem por que fazer coisas tão difíceis ou perigosas! A ideia é, na realidade, pegar emprestadas do ninja algumas técnicas simples e efetivas para que você tenda a se sentir melhor no meio dos problemas.

Passos para relaxar[7]

1. Solte o corpo, como se fosse um boneco de pano. Os braços devem ficar como se estivessem pendurados, bem soltos, como se o vento pudesse movê-los.

2. Respire profundamente, levando o ar para a barriga. Imagine que esta é como um balão que você pode encher. Você sente como enche?

3. Pense em uma palavra que você goste, que o deixe tranquilo, e diga-a a você mesmo mentalmente, antes de soltar o ar. Damos algumas ideias que serviram a outras crianças: "tranquilo", "basta", "devagar", "calma".

4. Solte todo o ar pela boca e sinta como os seus músculos continuam relaxados, cada vez mais soltos. Espere um pouquinho e volte a respirar. Repita o processo por 5 minutos, mais ou menos.

[7] Apresenta-se o relaxamento com respiração diafragmática, também pode ser útil uma versão simplificada do relaxamento progressivo de Jackobson, E. (1983). Progresive Relaxation. Chicago: University Of Chicago Press.

Algumas crianças o entendem melhor quando explicamos assim:

Primeiro: aprendemos a ficar moles como bonecos de pano.

Depois vencemos um campeonato de respiração profunda e enchimento de balões

Imaginação[8]

Uma vez que conseguiu ficar bom fazendo a respiração, você pode aumentar o seu efeito acompanhando-a de imagens que o deixam ainda mais tranquilo. Damos -lhe algumas ideias:

1. Às vezes ajuda pensar em algum lugar bonito e tranquilo, do qual você tenha gostado: uma praia, um bosque pelo qual caminhou. Procure pensar bem em todos os detalhes desse lugar: o que você vê, sente, cheira, escuta? Por exemplo: se pensou em uma praia, você consegue ver como move-se lentamente o mar? Consegue se imaginar sentindo o seu cheiro? Escuta o murmurinho suave?
2. Algo um pouco mais difícil, que requer prática, mas que é muito efetivo: imagine-se enfrentando com sucesso a situação da qual você tem medo. Você consegue ficar tranquilo no banco, prestando um exame? Consegue se imaginar falando com a moça da qual você gosta relaxado e tranquilo?

[8] **Kendall recomenda o uso do relaxamento combinado com imaginação em crianças. Vide: Kendall, P. (2000). Child and adolescent therapy. Treating Anxiety Disorders in Youth. Nova York: The Guilford Press.**

3. Por último, outra imagem que costuma tranquilizar muito: imagine o futuro, uma vez que o problema tenha sido resolvido e os nervos tenham passado. Imagine enquanto respira, que a preocupação ficou para trás e que você está em outra. O que você estaria fazendo? Com quem? Como você se sente?

Como todos os exercícios que apresentamos neste livro, as técnicas do mestre ninja requerem prática. Não exija demais de você. No início não saem bem, mas depois fica cada vez mais fácil, especialmente com ajuda e supervisão do seu terapeuta. Seria bom que treinasse 5 minutos por dia, todos os dias, assim depois você os terá claros para usá-los no meio do problema que o deixa nervoso!

O Robô e o boneco de pano[9]

Outra forma de relaxar, muito simples, é a técnica do robô e do boneco. Não é para ser usada em locais públicos, por isso recomendamos que treine em locais onde ninguém incomode, nem interrompa.

A mesma consiste em deixar os músculos rígidos como os de um robô durante 10 segundos e depois soltar totalmente, como se fosse um boneco de pano. Para que lembre de tensionar todos os músculos, o segredo está em dividi-los em cinco grupos.

Músculos de:	**Tensionar**	**Relaxar**
Rosto		
Peito		
Costas		
Braços		
Pernas		

[9] Vide: Jackobson E. (1983). Progresive relaxation. Chicago: University Of Chicago Press.

Esquivar, fugir: os aliados maléficos do medo

Os medos de Maria:

A avó contou a Maria que quando era pequena tinha sido mordida por um cachorro. A partir desse momento, Maria decidiu deixar de ir na casa da sua amiga Carolina, já que ela tinha um buldogue de dar medo.

Pensou que com isso resolveria o problema do medo. Mas pouco tempo depois percebeu que às 8 da manhã passava todos os dias pela porta da sua casa um passeador de cachorros.

Pensou que com o fato de não sair nessa hora da sua casa resolveria o problema do medo. Você tem que ver a confusão que fez na sua casa para que todos os dias saíssem meia hora mais cedo para ir ao colégio! Mas isso também não foi suficiente, já que na esquina do seu colégio tinha uma veterinária com cachorrinhos na vitrine.

Adivinhe o que Maria fez? Fez com que a mãe desse a volta no quarteirão todos os dias, para não passar pela porta da veterinária. E nem mesmo assim conseguiu ficar mais tranquila!

Um dia, a mãe de Maria cansou e deu um cachorrinho de presente à sua filha. Maria, no primeiro dia, fez um escândalo incrível. No segundo dia não deu muita atenção a ele. Uma semana depois ficava o dia inteiro brincando com o cachorrinho.

Por que você acha que aconteceu isso com Maria?

Resposta: à medida que brincava com o cachorrinho enfrentava os seus medos passo a passo.

CONCLUSÕES

Os medos permanecem à medida que os evitamos; quanto mais esquivamos o que nos dá medo ou nos deixa nervosos, maior o tornamos!

- Nunca acabamos de nos acostumar com as sensações ruins que nos provoca.
- Não aprendemos até que ponto a situação é tão perigosa quanto pensamos e quais poderes temos para enfrentá-la.
- Além disso, o medo é contagioso! A medida que fugimos dele, se expande a mais coisas.

Uma vez que aprendeu a questionar os seus balões de pensamento catastróficos e que aprendeu as técnicas do ninja para relaxar, seria bom que enfrentasse pouco a pouco aquilo que tem evitado.

VANTAGENS DE ENFRENTAR OS MEDOS

1. Nos permite INVESTIGAR os nossos pensamentos e ver as coisas mais claramente.

2. Nos ajuda a REDUZIR o medo.

As curvas da ansiedade

Quando sentimos medo, costumamos ter o impulso de fugir, pois nos gera sensações ruins. Mas o medo (como todas as emoções) costuma fazer uma curva; no início aumenta, mantém-se um pouco e depois diminui.

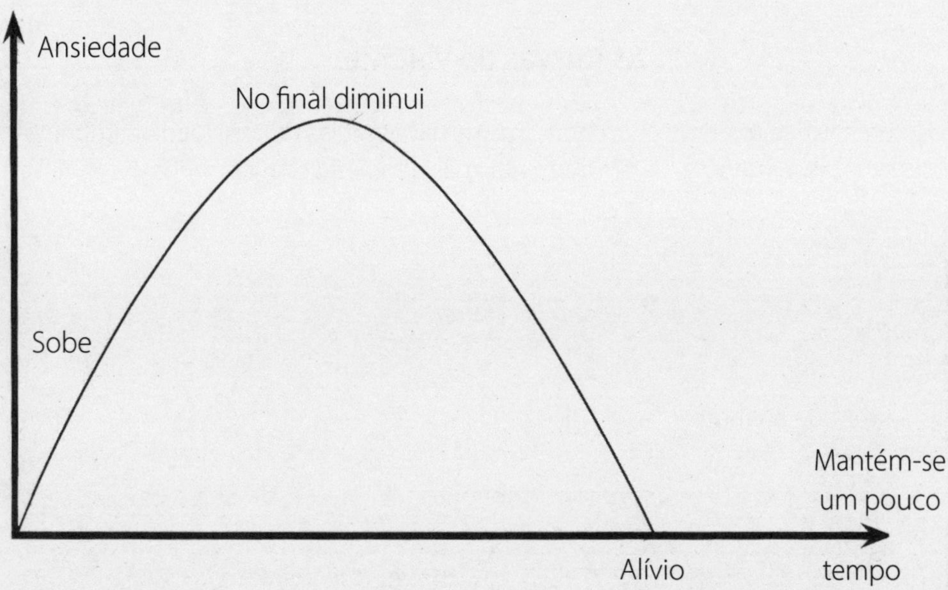

Quando fugimos ou evitamos, a ansiedade diminui rápido. Parece que o problema foi solucionado! Entretanto, depois sobe novamente e aquilo que provocava medo em nós, nos deixa cada vez mais ansiosos e torna-se mais difícil de enfrentar[10].

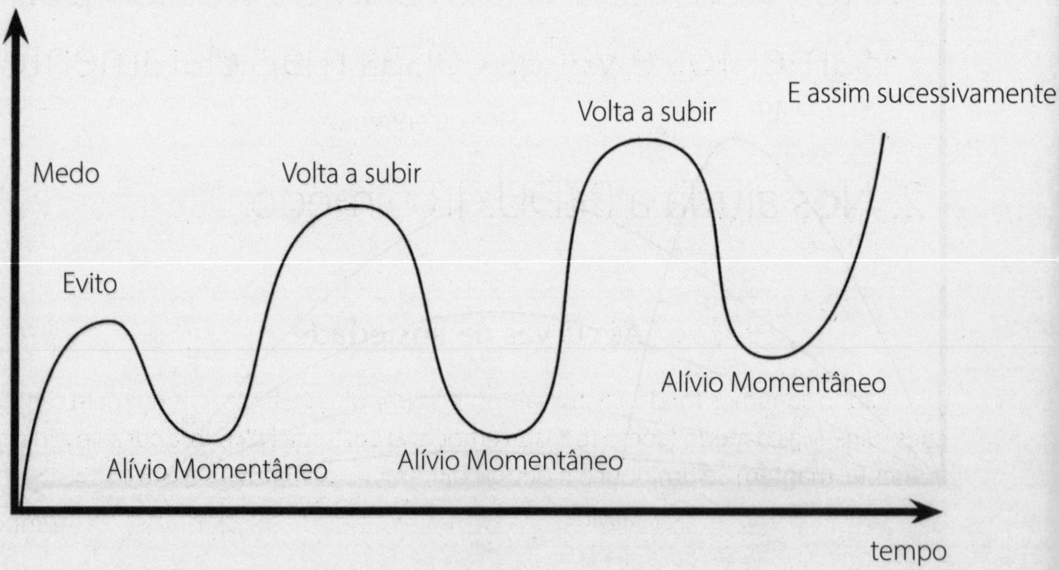

As Curvas do Valente

No entanto, se toleramos um pouco as sensações feias da ansiedade e enfrentamos a situação, o medo no início aumenta, mas depois é cada vez menor[10].

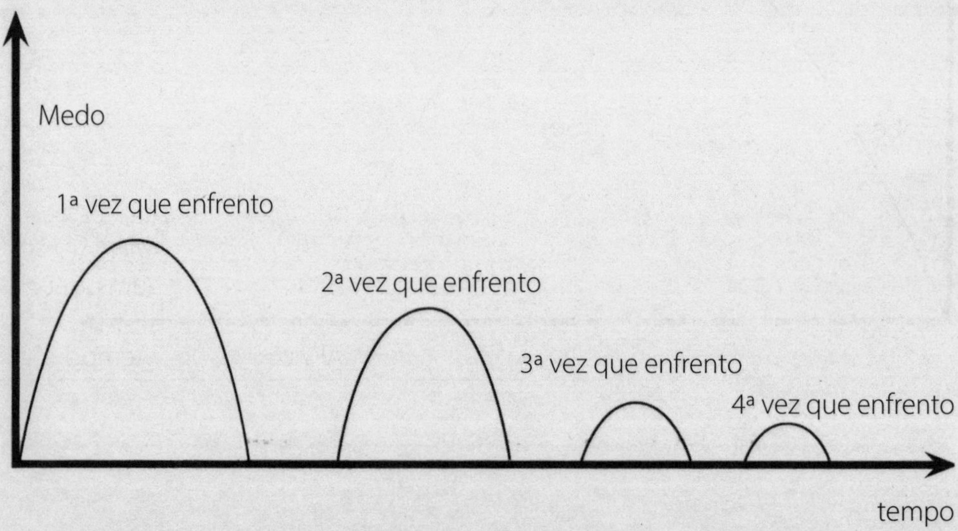

[10] Vide: Wolpe, J. (1981). Psicoterapia por inhibición recíproca. Bilbao: Desclée de Brouwer.

Aqui vai outra forma de entender as vantagens de enfrentar os medos:

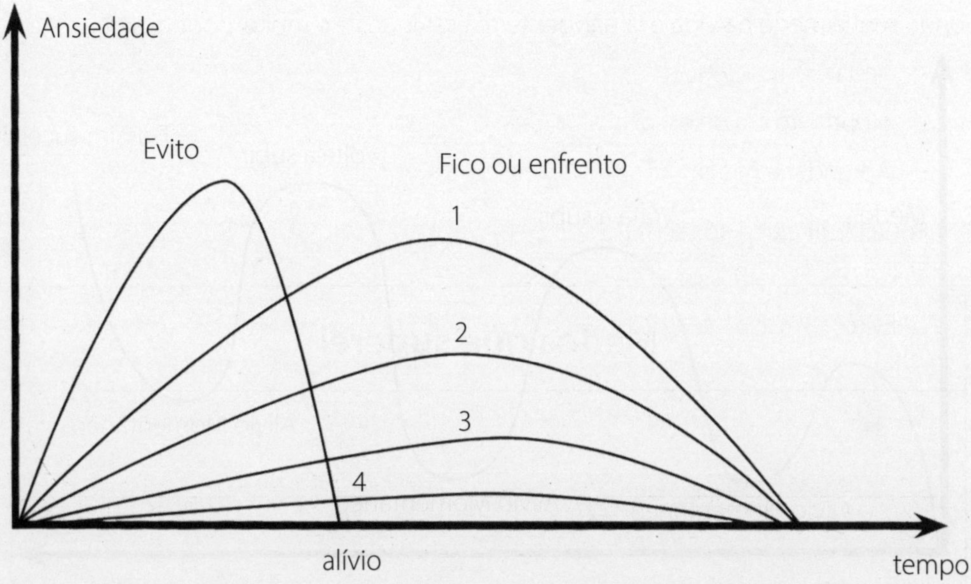

Compare as curvas da ansiedade e as curvas do valente. Acha que vale a pena um pouco de esforço e de valentia? Está pronto para enfrentar os seus medos passo a passo?

Para que você mesmo comprove!

Gostaríamos que separasse alguns segundos para pensar nas diferentes situações onde sentia medo na vida e já não sente mais. Alguns exemplos podem ser:

- andar de bicicleta,
- o primeiro dia de escola,
- Aprender a nadar.

Pode pedir ajuda aos seus pais.

Medos que superei

Como se sentiu na primeira vez? E na segunda? E na terceira? E agora?

VOCÊ MESMO FEZ AS CURVAS DO VALENTE!

Da faixa branca à faixa preta, enfrentando os medos passo a passo

Você decidiu enfrentar os seus medos?... Bravo! Contamos-lhe que a ideia básica consiste em subdividir aquilo que lhe dá medo em pequenos passos, em ordem de menor a maior grau de dificuldade, e ir se expondo[11].

Os passos podem ser escritos em um registro, como o que mostramos a seguir[12].

Passos para ser um Mestre Ninja

Enfrentando os seus medos passo a passo

Faixa branca

____

____

Faixa amarela

____

____

Faixa laranja

____

____

Faixa marrom

____

____

Faixa preta

____

____

Com ajuda do seu terapeuta (e na sua casa, com a de um familiar e/ou amigo), você pode pegar um dia para enfrentar cada passo. Durante este exercício você pode se tranquilizar usando as técnicas de relaxamento e ir controlando as catástrofes que constam nos seus balões da forma como mostramos.

Além disso, antes de dar cada passo, propomos que discuta os seus temores com o seu terapeuta e anote:

---

11 Em terapia cognitiva, as técnicas comportamentais são utilizadas para alterar as cognições. Vide: Beck, A. Rush, A., Shaw B. & Emery, G. (1979). Cognitive Therapy of Depression. Nova York: The Guilford Press.

12 N.do A: Recomenda-se adaptar este formato à narrativa particular de cada paciente, podendo-se usar equipamentos de futebol, troféus de diferentes tamanhos, bandas de rock etc., nos quais o menino pode ir subindo.

- O que pensava que poderia acontecer e
- O que finalmente aconteceu

Para que possa ir aprendendo como costuma ser a sua forma de pensar.

Ainda que sinta um pouco de ansiedade, busque permanecer na situação atemorizante um pouco, até que sinta que não o deixa mais nervoso. Pode propor-se pequenos lapsos de tempo de antemão, como, por exemplo, 2 minutos, 5 minutos etc.

A medida que enfrentar o passo que se propôs, já não terá tanto medo. Pode passar então ao passo seguinte da lista, e assim por diante, até concluí-la.

É importante que aprenda a felicitar a si mesmo por cada esforço que faz.

Por isso propomos que se dê pequenos prêmios, como as faixas (se gosta mais de futebol, pode imaginar que ganha taças cada vez maiores; é o mesmo).

Além disso, pode ser que um dia sinta que conseguiu vencer o medo com relação ao passo que tinha se proposto. Não faz mal! A ideia é fazer isso lenta, mas continuamente. Todos os dias um poquinho, em pequenos mas continuos passos, e assim até chegar à faixa preta!

Damos um exemplo: Agustín tinha medo de convidar uma pessoa do seu curso, da qual gostava, para ir ao cinema. Tinha medo que o rechasasse e nunca tinha falado com ela diretamente. Estivemos de acordo de que seria mais fácil para ele se aproximar pouco a pouco, dividindo a tarefa de convidá-la para ir ao cinema em pequenos passos, de maior a menor grau de dificuldade.

Passos para o Mestre Ninja

Enfrentando os seus medos passo a passo

Faixa branca

Comprimentá-la sorrindo e olhando-a nos olhos

Faixa amarela

Comprimentá-la com um beijo

Faixa laranja

Falar com ela e perguntar coisas sobre o colégio

Faixa marrom

Falar com ela sobre coisas mais pessoais

Faixa preta

Perguntar se gostaria de ir ao cinema

Esta técnica também pode ser utilizada em casos mais difíceis. João tinha medo de sair na rua, tinha fortes ataques de ansiedade quando tentava isso... ultimamente saía pouco ou nunca.

Decidiu enfrentar pouco a pouco os seus medos. Colocou-se a meta máxima de viajar de ônibus sozinho. Como meta mínima, ficar um pouco na porta da sua casa.

Os passos intermediários entre a sua meta máxima e a mínima chegavam a dez.

Foi assim que, com ajuda do seu terapeuta, organizou uma lista na qual eram atribuídos dois passos a cada faixa. Sem presa, mas sem pausa, começou a cumprir as suas metas.

Passos para ser o Mestre Ninja

Enfrentando os seus medos passo a passo

Faixa branca

Sair, ficando na porta de casa e caminhar um quarteirão acompanhado.

Faixa amarela

Volta no quarteirão acompanhado. Volta no quarteirão sozinho.

Faixa laranja

Ir à praça acompanhado. Ir à praça sozinho.

Faixa marrom

Ir ao cinema acompanhado. Ir ao cinema sozinho.

Faixa preta

Viajar de ônibus acompanhado. Viajar de ônibus sozinho.

Faça a sua lista com os passos para enfrentar o que lhe provoca medo ou o deixa nervoso e coloque os seus temores contra a parede!

Passos para ser Mestre Ninja

Enfrentando os seus medos passo a passo

Faixa branca

____

____

Faixa amarela

____

____

Faixa laranja

____

____

Faixa marrom

____

____

Faixa preta

____

____

Escada do valente

Para muitas crianças é bom pensar que estão subindo uma escada e que, passo a passo, vencem o medo, principalmente porque isso permite que mudem os pensamentos catastróficos.

Veja este exemplo:

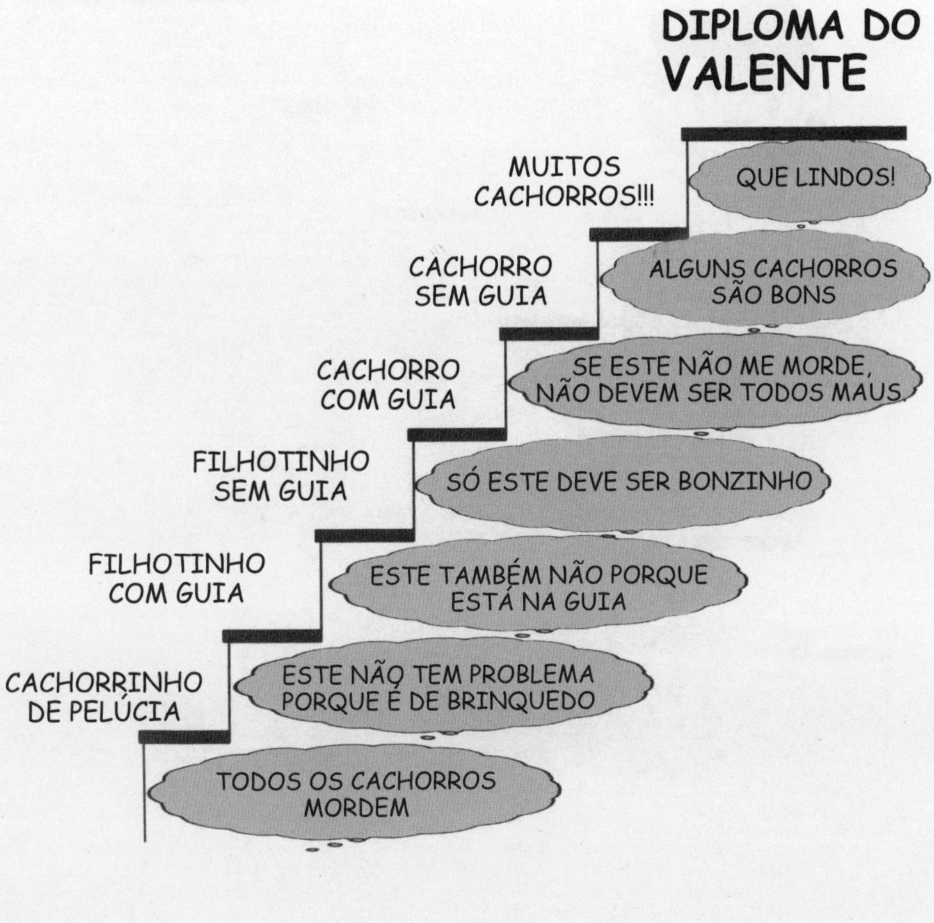

Ficha: escada do valente

Pode preencher a sua própria escada? Nos quadros, coloque o passo que dá e nos balões os pensamentos que vai tendo.

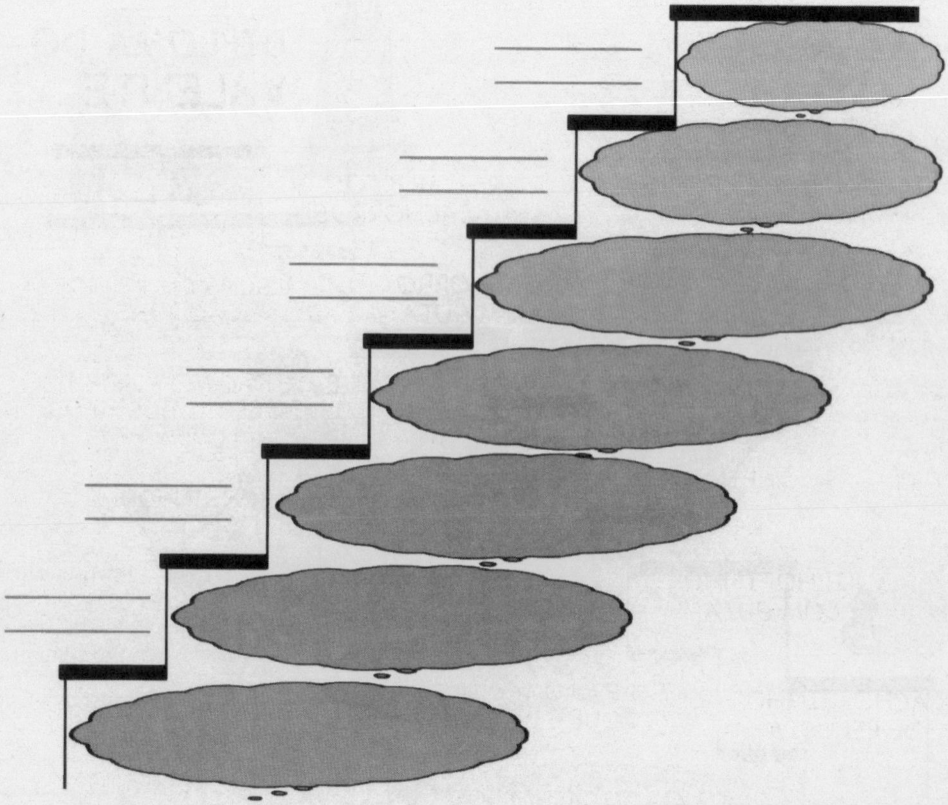

Este é um exemplo para as meninas!!!!!!

Esta é a escada da princesa; cada degrau que sobe se aproxima mais do seu príncipe encantado e do castelo, e vai recebendo tudo o que precisa para ser uma rainha.

Regras de ouro para as escadas

Como planejar as exposições:

- Faça uma lista de situações evitadas
- Coloque-as em ordem conforme o grau de dificuldade
- Repita a exposição até que a realize sem dificuldade
- Passe à seguinte situação na lista
- O grau de dificuldade pode variar pela companhia do terapeuta ou não, a duração, o número de pessoas presentes etc.

Quando você sobe um degrau:

Muitas vezes temos medo antes de enfrentar, mas uma vez que o fazemos descobrimos que não era para tanto.

O primeiro passo é o mais difícil

Chaves do sucesso:

Pratique se expor todos os dias por aproximadamente uma hora.
Quanto mais medo você sente, mais exposições vai ter que fazer.
Quanto mais alto você subir nas escadas, melhor vai se sentir depois.

A importância do esforço:

Pouco esforço = pouco benefício

muito esforço = muito benefício

Quanto mais alto você subir nas escadas, melhor vai se sentir depois.

Esta é a opinião de João, de 6 anos

O último degrau: a prova de fogo

Quando tentamos vencer os nossos medos, o último degrau é fundamental. Temos que fazer com que esse passo final que damos seja o mais alto possível, para poder assegurar que vencemos o medo.

Há que fazer:

A prova de fogo

Pense em alguma experiência com a qual possa certificar-se de que os seus piores temores não se cumpriram, então você pode ficar tranquilo.

Por exemplo:

Pepe tinha medo dos trens, tinha medo de ficar sem ar dentro deles. No início, subia sozinho uma estação e quando o trem estava vazio. Depois teve coragem de viajar duas estações seguidas e depois três, quatro e assim sucessivamente, até que teve coragem de fazer a prova de fogo.

Pensou que se tivesse coragem de viajar quando o trem estivesse repleto de gente, no inverno, com as janelas fechadas, durante duas horas, e o suportasse, significaria que viajar de trem era inofensivo e que poderia viajar o tempo que quisesse.

Finalmente o fez e agora viaja tranquilo por onde deseja e quando deseja.

Outra forma de explicar o mesmo é a seguinte:

Se consegue perder o medo dos dobermans,

com os poodles e salsichas vai morrer de rir!!!!!

Qual será a sua prova de fogo?

O meu maior temor é:

....

....

....

Vou colocá-lo a prova fazendo:

....

....

....

O resultado foi:

....

....

....

Minha conclusão é:

....

....

....

Também brincando pode enfrentar os seus medos

Um menino de 8 anos tinha muito medo das garrafas de plástico; dizia que o deixavam agitado, davam-lhe nojo, que podia pegar alguma doença. Depois de algumas conversas com o seu terapeuta, decidiu montar algumas brincadeiras para que perdesse o medo. Juntos inventaram uma escada do valente com brincadeiras.

1. Brincar de pebolim com um pedacinho pequeno de plástico.
2. Basquete. Um segurava a garrafa cortada na metade (usava-se de cesta) e o outro tinha que acertar uma bolinha dentro dela.
3. Finalmente, brincaram de espada com as garrafas de plástico (como em Guerra nas Estrelas).
4. É óbvio que ganhou um prêmio depois de tanto brincar com as garrafas.
5. Finalmente, começou a aplicá-lo na sua própria casa e servia refrigerante a todos os seus irmãos.

Qual brincadeira você pode inventar?

1. ....
2. ....
3. ....
4. ....
5. ....
6. ....

CAPÍTULO 8

DIFERENTES MEDOS E ANSIEDADES

ANSIEDADE SOCIAL

É uma forma especial de ansiedade que ocorre quando temos dificuldade de enfrentar situações nas quais interagimos com outras pessoas, como:

- Falar em público.
- Prestar exames orais.
- Conhecer novos amigos.
- Expressar o que sentimos e precisamos.

Todos sofremos de timidez ou insegurança de vez em quando.

Mas quando este temor se repete frequentemente e com grande ansiedade, pode ser útil e necessário trabalhar com ele.

Uma das chaves deste problema é que:

VIVO DEPENDENTE DO QUE PENSAM DE MIM.

Este problema alimenta-se de pensamentos catastróficos que costumam nos dizer que[1]

- Os outros são melhores.
- Não somos tão bons quanto eles.
- Ficarão de olho em como fazemos as coisas.
- Seria muito difícil agradar eles.
- Se não lhes agradamos é gravissimo (poderíamos fazer um papel ridículo).

Estes pensamentos baseiam-se especialmente em uma distorção ou forma errada de ver as coisas, que chamamos:

"Leitura de mente".

[1] N. do A.: Ver Botella C., Baños M.R. & Perpiñá C. (2003). Fobia Social: Avances en la psicopatología, la evaluación y el tratamiento psicológico del trastorno de ansiedad social. Barcelona: Ediciones Paidós Ibérica S.A.

Leitura de mente: consiste em que quando ficamos ansiosos frente a estas situações, por momentos achamos que podemos adivinhar o pensamento dos demais.

E o mais estranho é que o "adivinhado" é sempre negativo!

A resposta espontânea mais comum frente a este temor, como você já sabe, é:

Evitar e fugir, o que piora os problemas.

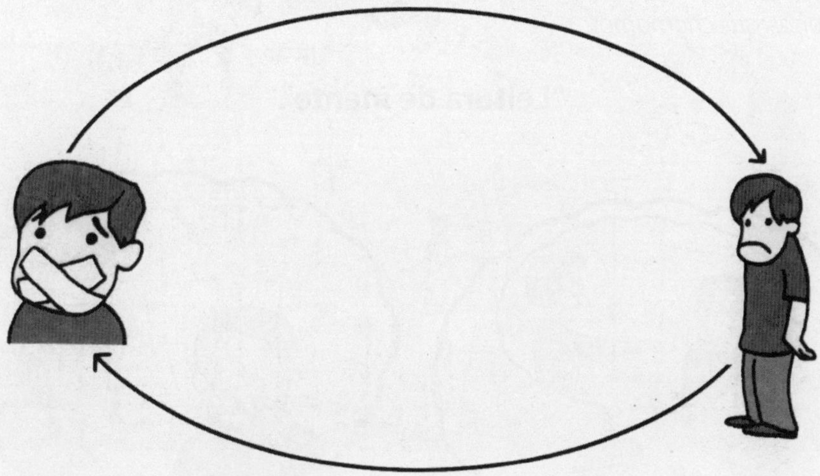

Pensamentos típicos

Estes são alguns exemplos dos pensamentos típicos que temos quando ficamos nervosos frente aos demais.

Costuma pensar este tipo de coisas? Quais outros pensamentos você tem? Como fazem com que se sinta? Gostaria de vencê-los?

Algumas chaves para solucioná-los:

1. Questione os seus balões catastróficos (em especial, os que o fazem acreditar, quando está ansioso, que pode ler a mente dos demais).
2. Aprenda a relaxar nas situações sociais que para você são um desafio.
3. Se pensa que realmente lhe faltam certas habilidades para entrar em contato com as pessoas, aprenda-as e pratique-as (veja o item "um milhão de amigos" neste livro).
4. Enfrente os seus medos passo a passo. Pode usar os "Passos para ser Mestre Ninja", ou a "Escada do Valente" como modelos.

Vejamos então mais de perto esta forma especial de distorção que produz os "balões de pensamento catastróficos" nas situações sociais.

LENDO A MENTE

A senhorita Rivarola acredita que a intenção de Siviski é olhar a sua calcinha. Isto é chamado por nós: fazer "leituras de pensamento". As leituras podem ser erradas, acertadas ou ter um pouco de cada uma.

O certo é que[2]:

- Você não pode saber o que passa na mente de outra pessoa, salvo que ela conte.
- O que as pessoas pensam de você não pode te ofender, salvo que você deixe que te ofenda.
- Geralmente imaginamos que os outros pensam o que nós achamos de nós mesmos.

Isto pode influenciar em que não nos animemos a fazer muitas coisas quando estamos na presença de outras pessoas (como ficar calados) e em que tenhamos maior dificuldade em fazer amigos.

A seguir mostramos alguns exemplos de leituras de mentes para ver como você poderia se defender desses pensamentos.

[2] N. de A.: ver Nichols, P. (1999). Clear Thinking Talking Back to Whispering Shadows. Iowa: River Lights, Publisher.

Ficha: leitura de mente

* (os últimos dois quadros são para preencher com um exemplo próprio)

Situação	Pensamento (leitura da mente)	Pensamentos alternativos
Fazendo uma apresentação oral na escola	Meus colegas vão pensar que eu gaguejo muito	
Dançando em uma festa	Acham que eu sou "duro" e não sei dançar	
Falando ao telefone em casa	Certeza que todos estão escutando para ver como eu falo	
Meu amigo está com um cara que eu não conheço	Claro que eles querem brincar sozinhos	
Minha amiga me disse que eu estou linda	Falou isso só para eu não me sentir mal	
*		
*		

Prepare-se para responder as leituras de mente da próxima vez que precisar!!!

FOBIA ESPECÍFICA

Muitas crianças sentem um medo muito intenso sempre frente a um mesmo objeto. Alguns exemplos típicos podem ser:

- Cachorros
- Gatos
- Aranhas ou outros bichos

Alguns segredos para superar esses medos[3]*:*

Aprender sobre o que produz esse temor.

Para Felipe foi muito útil saber que a aranha da qual tinha medo não vivia no mesmo país que ele.

Questionar os balões de pensamento.

Quando pensava que a aranha podia picar ele, se fazia as perguntas do caçador e percebia que todas as vezes que imaginava isso, nunca tinha acontecido e que podia ser somente sua imaginação.

Exposição com imaginação.

Como tinha muita dificuldade de enfrentar as aranhas, os primeiros exercícios foram imaginar aranhas em diferentes situações, até que finalmente ficasse tranquilo.

Escada do valente.

Começou com aranhas de brinquedo, até chegar a tentar com algumas reais e, apesar de ter tido dificuldade, percebeu que os seus pensamentos não se tornavam realidade.

[3] N. do A.: No tratamento da fobia específica pode ser útil a psicoeducação sobre os objetos temidos e a exposição em imaginação.

PÂNICO

Algumas crianças têm sensações físicas que lhe provocam muito temor. Por exemplo:

- Falta de ar, afogamento.
- Sensação de desmaio.
- Tontura.
- Suor.
- Palpitações.
- Visão embaçada.

Quando ficam assustados por estas sensações, sem querer podem fazer com que aumentem. E, geralmente, quando as sensações surgem em algum local determinado, querem deixar de ir a esse local.

Alguns segredos para superar o pânico[4]:

1. Aprender sobre as sensações.
2. Trabalhar com os balões de pensamento.
3. A prova da "SUPER-RESPIRAÇÃO"
4. Respirar em câmera lenta.
5. Colocar a prova as sensações no consultório.
6. Colocar a prova as sensações onde costumam ocorrer.
7. Deixar de usar as medidas de segurança.

4 N. do A.: "super-respiração" adaptação do termo "hiperventilação"

1. Aprender sobre as sensações

Quando ficamos com medo, estamos nervosos ou preocupados, o nosso corpo se prepara para a reação. Por isso temos muitas sensações físicas, que nos serviriam para nos salvar de algo realmente perigoso, como, por exemplo, um leão no meio da selva. O problema é que muitas vezes imaginamos que uma coisa é perigosa (por exemplo, subir em um ônibus) e o nosso corpo se prepara como se fosse enfrentar um perigo real. Vejamos algumas das sensações que costumamos ter e para que servem.

Sensação física		Utilidade
Bate mais rápido		Levar sangue mais rápido para os músculos para se preparar para ação
Respirar mais rápido		Ter mais ar nos pulmões e, assim, mais resistência
Sensação de falta de ar ou de não conseguir respirar		Com tanto ar no pulmão, não é possível inalar mais, mas é porque já estão cheios de oxigênio
Tontura		Pode ser resultado do excesso de oxigênio
Tremedeira	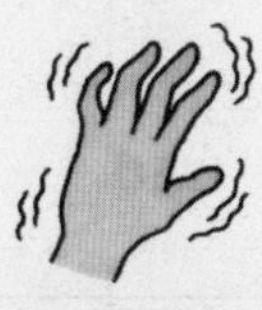	Os músculos se preparam para ação
Visão embaçada	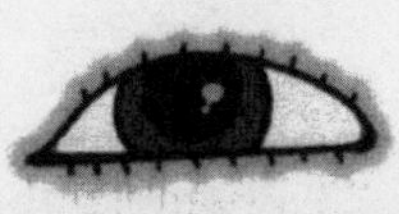	as pupilas se dilatam para ampliar o campo de visão e perde-se a definição

Lembre-se:

- Estas sensações são normais e inofensivas.
- Ocorrem por muitos motivos, como, por exemplo: quando imaginamos que algo ruim pode acontecer.
- Para averiguar o mesmo você pode pedir aos seus conhecidos que preencham a seguinte pesquisa:

Alguma vez sofreu de uma destas sensações físicas? Indique com um X se ocorreu:

Sensação	Pessoa 1	Pessoa 2	Pessoa 3	Pessoa 4	Pessoa 5	Pessoa 6	Pessoa 7
Taquicardia, palpitações, agitação							
Tontura							
Sensação de fraqueza							
Ver as coisas como se fossem um filme							
Visão embaçada							
Formigamento							
Mal-estar ou dor no peito							
Sensação de falta de ar ou dificuldade para respirar							
Suor excessivo							
Enjoo ou mal-estar estomacal							
Calafrios ou sufocamento							
Morrer de medo							
Medo enlouquecedor							
Medo debilitante							

Quando ficamos assustados com as sensações, estas se intensificam. Para que você veja como funciona o pânico, pode olhar os seguintes desenhos.

Circuito do pânico[5]:

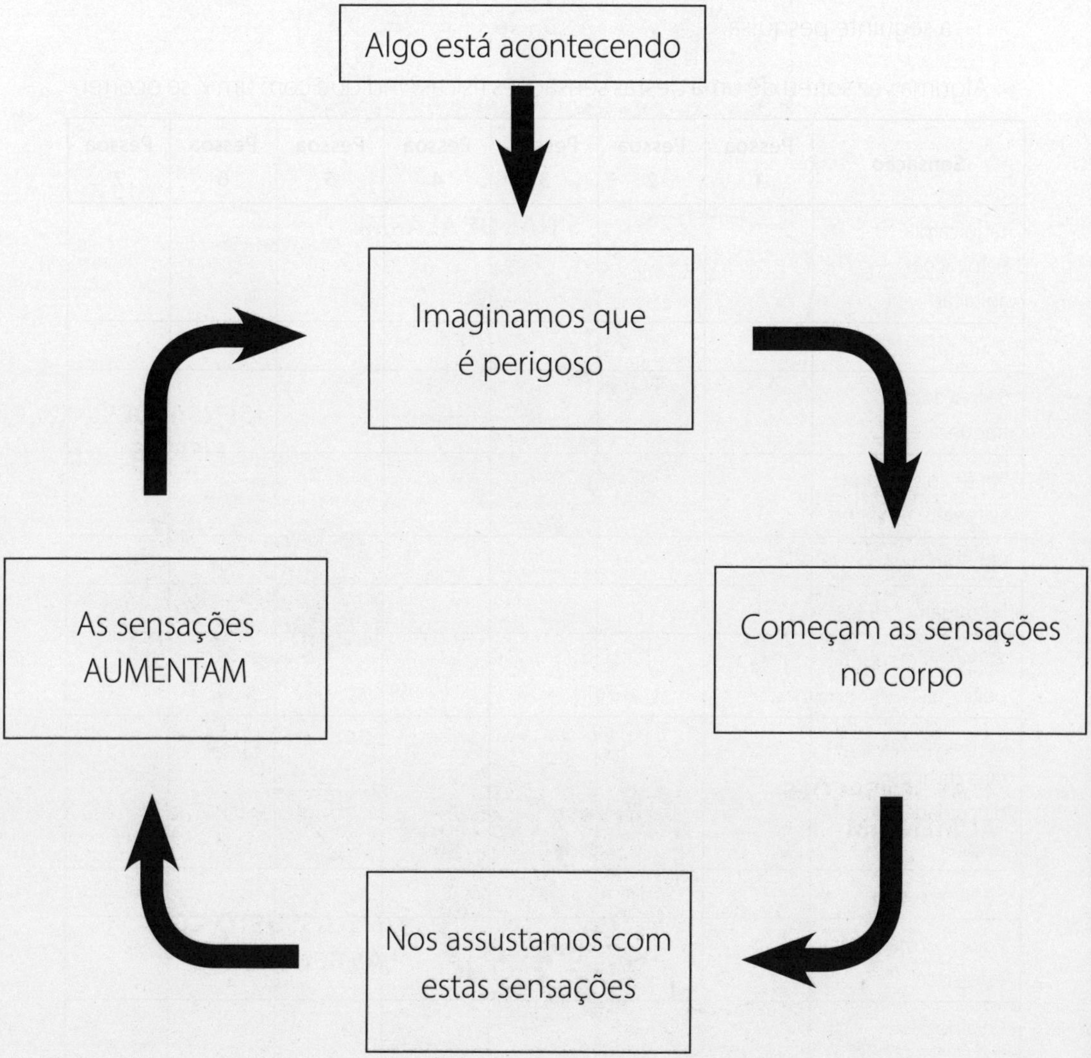

[5] Extraído e modificado de Clark, D. (1986).

VIAJANDO EM UM ÔNIBUS CHEIO

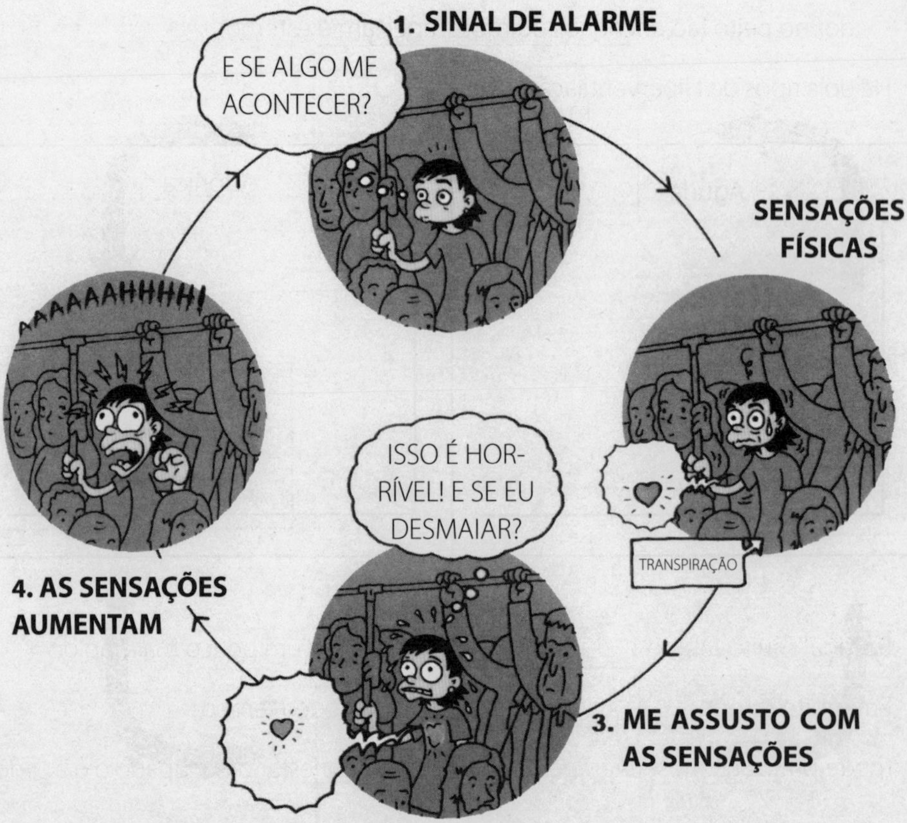

O objetivo não é deixar de ter as sensações, mas deixar de se assustar com elas.

Quanto menos medo tiver, menos lhe incomodarão.

Por que me sinto tão mal?

A resposta: HIPERVENTILAÇÃO.

Ocorre porque, ao nos preocuparmos, costumamos respirar mais rápido que de costume.

Por respirar tão rápido, os nossos pulmões enchem de oxigênio e isso faz com que fiquemos

- tontos,
- que não possamos respirar (por que os pulmões já estão cheios e não cabe mais ar),
- dor no peito (ao encher os pulmões, apertam o esterno).

Há dois tipos de Hiperventilação[6]:

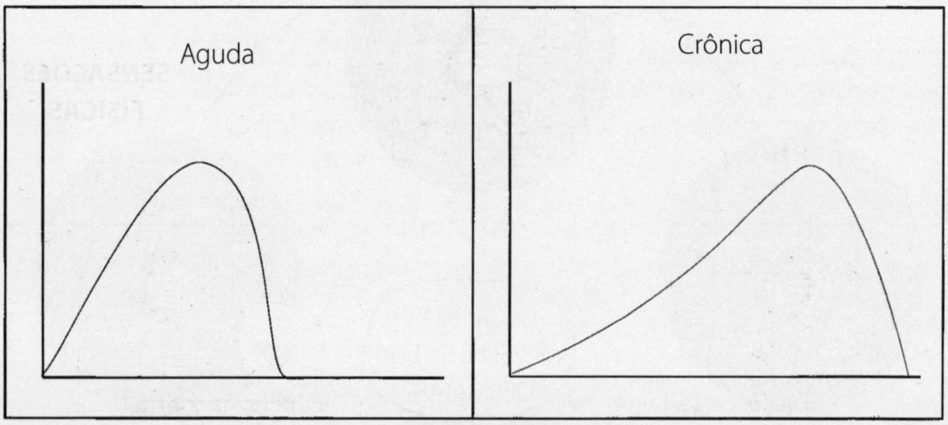

Respirar muito rápido	Respirar um pouco mais rápido
Em muito tempo	Em pouco tempo
(pode praticar com seu terapeuta)	Ex.: Por estar preocupado o dia todo

Para que estas sensações não incomodem tanto, siga os passos mencionados a seguir:

6 Craske, M. G., & Barlow, D. H. (2001). Panic Disorder and Agoraphobia. In D. H. Barlow (Ed.), Clinical Handbook of Psychological Disorders, Third Edition: A Step-by-Step Treatment Manual. Nova York: The Guilford Press.

2. Trabalhar com os balões do pensamento

Buscando pistas a favor e pistas contra[7]: As situações onde o pânico não provocou catástrofes.

Pensamento catastrófico	O pânico vai me fazer mal para o coração
Pistas a favor	**Pistas contra**
Li sobre gente que morreu de estresse	Nunca ouvi falar de alguém que tenha morrido de pânico
Um velho me disse que é possível morrer de susto	Gente exposta a grandes estresses (como soldados em uma guerra) não morrem disso.
Durante um ataque de pânico sinto uma dor no peito e um formigamento nas mãos	Sei que as sensações são um produto da ansiedade, que incluem formigamentos e dores, mas é um mecanismo de sobrevivência
A ansiedade provoca o aumento da pressão e isso é prejudicial para o coração	Quando fiz exercício, sobrecarreguei um pouco meu coração e nada de ruim aconteceu, e é um fato que exercícios fazem bem ao coração.

Ficha: Investigando os meus pensamentos sobre as sensações

Pensamento catastrófico	
Evidências a favor	**Evidências contra**

Outra opção é comparar os sintomas que você tem com os das doenças reais.

Contraste de sintomas:

7 N. do A.: adaptado de Wells, A. (1997). Cognitive Therapy of Anxiety Disorders. A Practice Manual and Conceptual Guide. Nova York: John Wiley and Sons.

Sintomas de desmaio	Sintomas de pânico
tudo fica escuro	não
sentir sono	não
tudo fica mais lento	não
sensação de calor	sim
sim	pernas bambas
sim	as coisas ficam confusas e brilhantes
não	palpitações
não	boca seca

Investigue o que está ocorrendo com você no **Registro semanal do pânico**

Data	Situação	Principais sensações somáticas ou mentais	Pensamento negativo (interpretações distorcidas)	Resposta ao pensamento negativo	Número de ataques
Segunda-feira					
Terça-feira					
Quarta-feira					
Quinta-feira					
Sexta-feira					
Sábado					
Domingo					

Para continuar investigando, também pode ver "as perguntas do caçador", no Capítulo 9.

3. A prova da "SUPER-RESPIRAÇÃO"

Muitas das sensações que lhe assustam se devem a que, com o medo, você respira mais rápido do que de costume, sem perceber.

Para comprovar tal fato você pode:

- Respirar rápido (como se estivesse enchendo um balão)
- Fazer isso por um minuto e meio

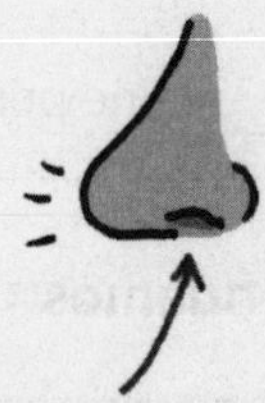

Treinar isto pode lhe servir para:

- Entender melhor as suas sensações.
- Perder o medo.

4. Respirar em câmera lenta[8]

Como a "Super-Respiração" pode gerar sensações incômodas, para alguns é útil treinar "Respirar em câmera lenta", para reduzir a intensidade das mesmas.

Passos para treiná-la:

Conte até quatro enquanto respira pelo nariz.

Conte até quatro enquanto espira pela boca lentamente.

Se tiver dificuldade: conte com o relógio!

Treine primeiro sentado, depois em pé ou caminhando.

Recomendamos

- Não respire profundo demais, já que os seus pulmões certamente já estão cheios de ar.
- Utilize a respiração em câmera lenta nas primeiras vezes.
- Depois é conveniente tentar desafiar as sensações em vez de minimizá-las.

[8] N. de A.: Botella C. & Ballester R. (1997). Trastorno de pánico: evaluación y tratamiento. Barcelona: Martínez Roca.

5. Exposição interoceptiva

Uma boa ferramenta para perder o medo das sensações é:

Pô-las à prova e tentar intensificá-las para comprovar que nada de mal acontece

Para fazer isso, você pode treinar com o seu terapeuta alguns dos seguintes exercícios:

Sensação	Exercícios
Falta de ar	Prender a respiração. Respirar por um canudo. A "super-respiração".
Tontura, desmaio	Girar em torno de si mesmo. Sacudir a cabeça para um lado e para o outro. Colocar a cabeça entre as suas pernas e levantá-la rapidamente.
Palpitações	Correr no lugar, subir escadas.
Visão embaçada	Observar uma mancha na parede, um ponto fixo.

6. Colocar em prova as sensações onde costumam ocorrer

Lembre-se das regras de ouro para a "escada do valente". Quanto mais desafiar as sensações, mais tranquilo se sentirá.

Poderá, por exemplo, ter coragem de que ocorram os sintomas nos locais onde ocorreram ultimamente: ônibus, elevadores, concertos. Sempre tendo coragem de enfrentar, primeiro a situação mais difícil, para depois passar por outras intermediárias, até chegar às mais difíceis.

7. Deixar de usar as medidas de segurança

Para assegurar-se de que venceu o medo, é muito importante que deixe de tomar as medidas de segurança com as quais costuma se proteger. Isso lhe dará uma pauta de quanto melhorou.

Se você costuma, por exemplo, evitar caminhar rápido, mover-se muito devagar em situações estressantes, levar garrafinhas de água caso fique com a boca seca ou saquinhos de papel para lhe ajudar a respirar lentamente, é conveniente que vá abandonando estas "proteções" uma a uma. Como sempre, seguindo as "regras de ouro": começará pela que lhe der menos medo deixar e avançará aos poucos.

PAUTAS PARA PAIS DE CRIANÇAS COM ANSIEDADE POR SEPARAÇÃO

O objetivo consiste em promover períodos de separação entre a criança e os seus pais e ir aumentando a duração dos intervalos. A **RETIRADA GRADUAL** da sua presença deve levar em conta os seguintes aspectos:

Tempo:

Mateus tinha 5 anos e tinha dificuldade em ficar sem a sua mãe, Mirta. Ela começou a ir a um local perto por períodos de tempo cada vez maiores.

Distância:

Mirta começou saindo da sala continua até conseguir visitar a sua irmã nos arredores da sua cidade.

Estratégias antimedo:

Mirta costumava deixar com Mateus as chaves para que ele comprovasse que ela não podia ir embora. Logo resolveu sair, mas deixou com ele um telefone celular, para que entrasse em contato, primeiro cada vez que desejasse e depois reduzindo a frequência das ligações.

Relaxamento:

Os pais treinaram Mateus para que, ao se sentir ansioso, imaginasse uma tartaruguinha caminhando e que respirasse lentamente a cada passo que ela desse.

Reforçar positivamente cada vez que enfrenta:

Mirta respondia cada chamada de Mateus e isto o deixava tranquilo a curto prazo, mas mantinha o seu temor do afastamento. Decidiu responder com menor frequência os seus chamados, até fazê-lo somente quando era necessário, e começou a premiá-lo sempre que ele se separava dela.

Rever os seus próprios temores:

Mirta temia que o seu filho a odiasse ou ficasse com sequelas no futuro, se, ao deixá-lo, ele sofria. Pensava que a ansiedade e os fortes choros poderiam ocasionar algum problema físico nele. Refletir sobre estes temores permitiu que tomasse as medidas necessárias para que o seu filho pudesse crescer de forma autônoma e seguro de si mesmo.

Reduzir a intromissão, promover a autonomia[9].

Mirta ajudava Mateus nas coisas que podia fazer por conta própria, como vestir-se, higienizar-se etc. Percebeu que deste modo impedia que o seu filho aprendesse que era capaz de se autovaler. Começou a promover a sua autonomia e assim Mateus foi ganhando confiança em si mesmo.

Reduzir a intromissão:

- A intromissão consiste em ajudar desnecessariamente os filhos em atividades diárias que eles poderiam realizar sozinhos.
- As crianças com ansiedade por separação podem apresentar uma maior sintomatologia se os seus pais se superenvolvem nas suas atividades diárias e na sua privacidade.
- A intromissão:
  - Ou leva as crianças a agir de forma imatura.
  - Ou limita as suas capacidades.
  - Ou gera maior dependência.

Importante:

Quanto maior for o número de atividades que o seu filho pode realizar por conta própria, maior será o grau de confiança que terá em si mesmo.

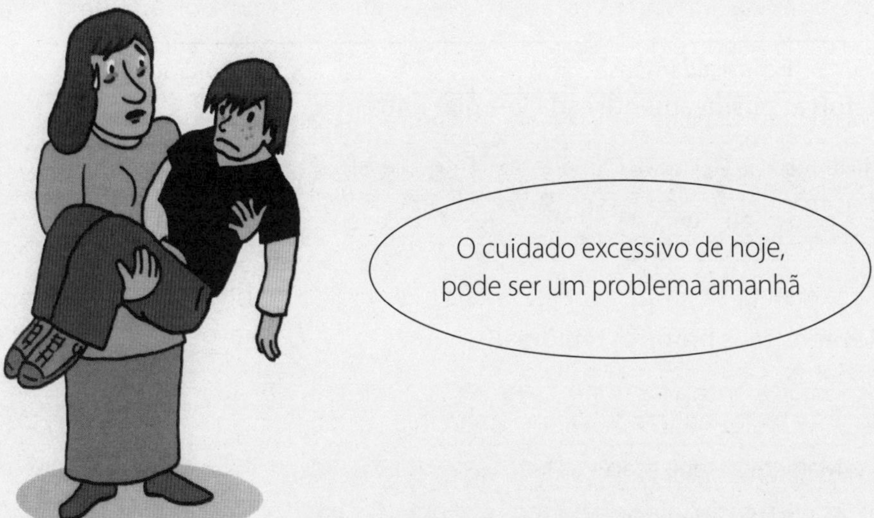

9 N. do A.: ver Wood, J. (2006). Intromisión Parental y Ansiedad por Separación Infantil en una Muestra Clínica. Child Psychiatry Hum Dev 37, 73–87.

FOBIA ESCOLAR[10]

O medo da escola será diretamente proporcional ao tempo em que a evitar. Quanto antes se conseguir o retorno à escola, melhor será. Costuma desencadear-se depois de uma ausência por doença, férias ou outros motivos.

Possíveis consequências:

Preocupações da criança	Preocupações dos pais e professores
Ser avaliado negativamente pelos colegas	Aprendizagem lenta
Pegar doenças na escola	Complicações no lar
Fracasso escolar	

Para a reinserção da criança na escola requer-se estratégias desenhadas em conjunto com a escola, os pais e a criança. Haveria duas opções:

Exposição intensa	Exposição gradual
Resultados mais rápidos	Resultados mais garantidos
O mal-estar pode ser maior	O mal-estar não será tão grande
Maior risco de abandono	Maior lentidão na aprendizagem

Recomenda-se propor um retorno o mais rápido possível; se houver grandes dificuldades, deve ser realizado gradualmente. Para os casos graves, podem ser necessário:

- Estratégias "antimedo" (acompanhante).
- Maior hierarquização.
- Exposição imaginária.

[10] Méndez, F.X., (1998). Miedos y Temores en la infancia. Ayudar a los niños a superarlos. Barcelona: Ediciones Pirámide.

Pautas para o acompanhante

Preferivelmente pais ou um irmão mais velho.

Pode-se somar um par que modele tranquilidade na escola.

Gerar emoções agradáveis associadas a situações escolares.

Induzi-lo à prática do relaxamento.

Reforçar os comportamentos adaptativos (sorrisos, felicitações etc.).

Ignorar as birras.

Não ridicularizar, brigar nem castigar em público.

Pautas para o docente

- Receba-o espontaneamente.
- Não o interrogue em público no seu retorno.
- Comece atribuindo-lhe atividades agradáveis.
- Depois dê ao mesmo tarefas escolares simples.
- Realize atividades que incluam os interesses da criança.
- Reforce-o positivamente.

Pautas para o lar

- Que não tenha benefícios.
- Por exemplo: que não assita TV no horário que deveria estar na escola.
- Deve ter mais responsabilidades que se estivesse na escola.
- Por exemplo: Atribuir-lhe tarefa escolar extra.

Pautas gerais para pais de crianças ansiosas

Não responda a todas as suas preocupações.

Reforce as suas atitudes de enfrentamento.

Reveja os seus próprios temores.

Não fomente a evitação.

Permita que erre e aprenda com o seu erro.

Promova que se exponha às situações temidas.

Anime-o, não lhe dê bronca.

Diferencie "temores" de "caprichos".

Empatize com ele.

Modele atitudes de enfrentamento.

Não o controle constantemente.

Não alivie cada temor dele, deixe que ele o supere.

CAPÍTULO 9

COMO VENCER AS OBSESSÕES E COMPULSÕES

Quando o computador não funciona!!!![1]

Alguns sentem que não podem deixar de pensar em alguma coisa. Estão o tempo inteiro com uma mesma ideia na cabeça e os faz sentir mal. Não querem pensar nisso, mas não podem evitá-lo.

Estas ideias chamam-se: Obsessões.

São assim descritos:

> "Ficam pensando no computador e não conseguem passar a outros pensamentos", como se tivessem "um pica-pau na cabeça que bate o tempo inteiro" ou "que têm um soluço mental, que vem de repente e que têm dificuldade de controlar".

Quando isto acontece, sentem-se obrigados a fazer coisas diferentes. Alguns repetem uma e outra vez certas ações, como, por exemplo, abrir e fechar gavetas. Outros têm que contar até certo número muitas vezes, ou não podem tocar diferentes objetos por medo de se contaminar ou, lavam-se o tempo inteiro etc. Estas ações chamam-se compulsões ou rituais.

Muitas vezes fazem isto sem saber por que, outras porque pensam que se não o fazem, poderia acontecer alguma coisa ruim com os seus entes queridos.

Apesar de poderem pensar que é ridículo, não conseguem deixar de fazê-lo.

Depois de um tempo, isto pode provar problemas com a sua família, no colégio ou com os seus amigos. Chega a se sentir amarrado a alguma coisa que lhe incomoda muito, tira-lhe a vontade e a esperança, como ocorre com a menina de 16 anos que escreveu o poema da página seguinte:

[1] N. do A.: Apresenta-se uma breve síntese do transtorno obsessivo compulsivo infantil. Para complementar, vide: March J. & Mulle, K. (1998). OCD in children and adolescents. Nova York: Guilford Press.

O céu se torna azul escuro
A noite cai inevitavelmente
Meu espírito se curva
E as obsessões se apoderam da minha mente

Marchando com passos firmes
Me levo à minha perdição
Como um soldado obediente
A cumprir minha missão

Realizar rituais bizarros
Seguir passo a passo a rotina
Atos insanos e tempestuosos
Que ninguém ao menos imagina

As portas do inferno
Se fecham atrás de mim
E nelas se lê:
"Abandona toda esperança,
aquele que entrar aqui"

Quando isso acontece.

O que se pode fazer?

A caixa de ferramentas para combater o problema

1. Entender bem do que se trata.
2. Dar um nome ao problema.
3. Decidir trabalhar junto com o seu terapeuta para combatê-lo.
4. Fazer um mapa onde inclua as situações onde você vence o problema, aquelas onde a briga é igual e, por último, as situações onde vence o problema.
5. Saber falar quando surge.

A seguir explicamos uma a uma as ferramentas.

1. Do que se trata?

Esta é uma forma simples de explicar como funciona[2]:

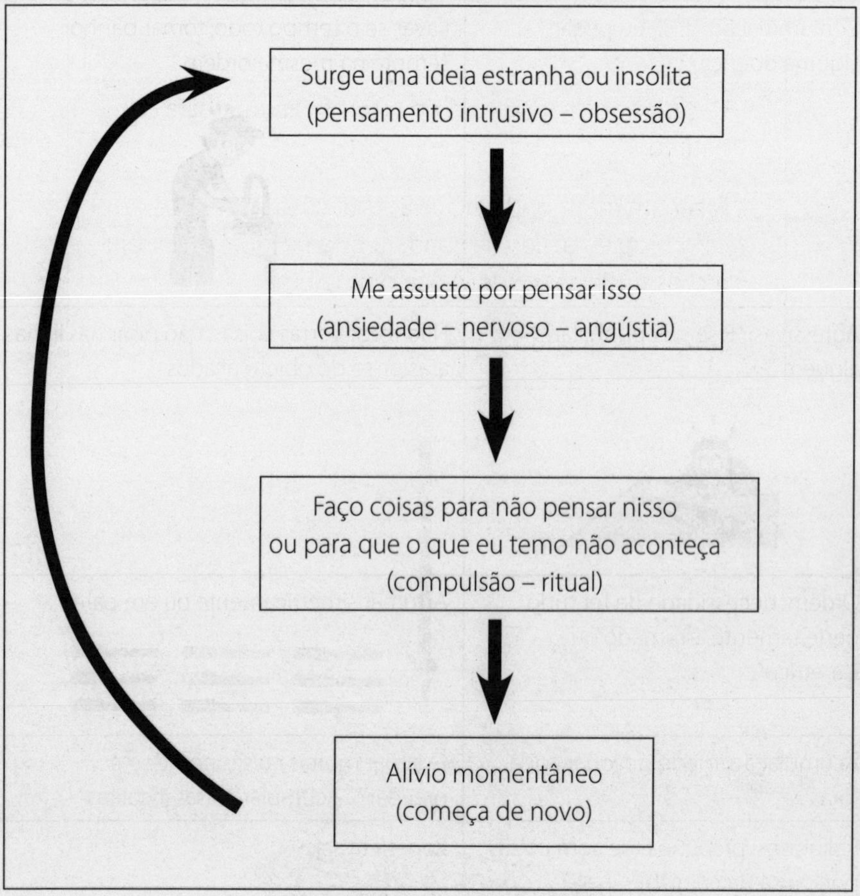

As obsessões e as compulsões mantêm-se entre elas. Veja este gráfico:

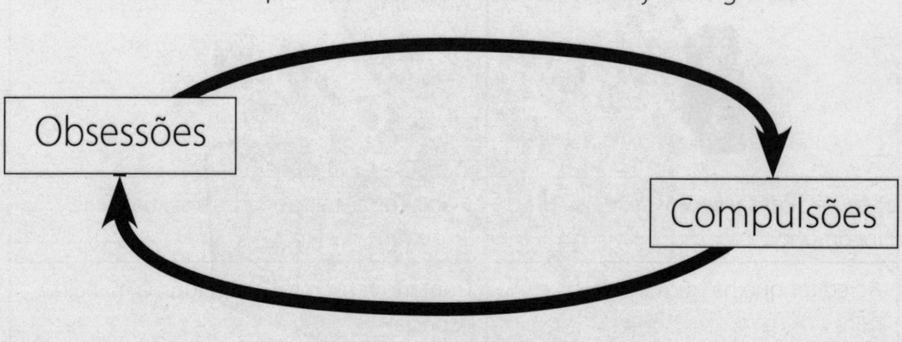

[2] N. do A.: Ver as curvas do medo. Para complementar a conceitualização do T.O.C ver: Foa, E. & Wilson, R. (1991). Venza sus obsessiones. Barcelona: Ediciones Robinbook.

Algumas obsessões e compulsões típicas são:

Obsessões	**Compulsões**
Contaminação: "E se eu pegar alguma doença?"	Lavar-se o tempo todo, tomar banho sempre na mesma ordem 
Agressivas: "E se eu apunhalar alguém?" 	Não tocar certas coisas, não pisar nas linhas, afastar-se de objeto afiados
Ordem: necessidade de ter tudo perfeitamente arrumado ou simétrico	Arrumar simetricamente ou em pares 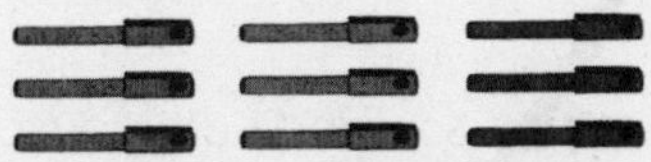
Acumulação: medo de jogar coisa fora	Guardar muitas coisas por "e se eu precisar?". Acumular coisas insólitas
Religiosos: preocupar-se com coisas por causa da religião 	Repetir rituais
Sexuais: Pensamentos sexuais incômodos	Evitar coisas relacionadas a sexualidade
Acreditar que há números bons e ruins	Contar o tempo todo de alguma maneira especial
Dúvidas: "apaguei as luzes?", "tranquei a porta?" ?	Checar muitas vezes

2. Dar um nome ao problema

A partir de agora vai se chamar:

....

....

Nomes que usaram alguns clientes:

A moléstia.

Cinderela (por causa de um vírus dos computadores).

O asco.

A vozinha.

Aproveite para se divertir um pouco e pense em algum nome original!!!!!!

Está disposto a encarar?

....

Agora é a sua vez de fazer o mapa para as batalhas!

3. Mapa do problema, com as situações nas quais:

Por que fico assustado com os pensamentos?

Fusão pensamento ação (probabilidade)

Acreditar que se eu penso em alguma coisa ruim, isso pode acontecer[3] (aumentar os perigos):

Martina (12 anos) acha que o seu pai pode ter um acidente de carro. Teme que ocorra devido ao fato dela ter pensado nisso. Então, liga para ele várias vezes por dia, para comprovar que não ocorreu nada com ele.

Fusão pensamento ação (moral)[4]

Pensar que se passa um pensamento "ruim", então seria uma pessoa ruim.

Rosana (16 anos) imaginou que empurrava uma velhinha na rua. Está convencida de que é uma pessoa ruim, por isso, fica nervosa ao ver um policial, porque teme que a levem presa.

Responsabilidade

Acreditar na ideia de que se alguma coisa ruim acontece, será a minha responsabilidade:

Ramiro (12 anos) acredita que se a sua irmã come alguma coisa que não está boa pode ficar intoxicada por culpa dele.

Perfeccionismo

Levar muito a sério a ideia de que as coisas têm que estar perfeitas para que não ocorram eventos negativos.

Valéria (15 anos) pensa que se os enfeites não estão colocados em fileira, fica ansiosa e pode se descontrolar.

---

3 N. do A.: Ver conceito de Fusão Pensamento Ação desenvolvido por Rachmann, S. (1978).

4 N. do A.: Ver Rodríguez Biglieri, R., Vetere, G., Bunge, E. & Keegan, E. (2005). Resultado preliminar de la aplicación de la escala fusión pensamiento acción. Memorias de la XII Jornada de Investigación, Facultad de Psicología U.B.A.

Alguns esclarecimentos importantes

1. Todos temos pensamentos "intrusos". Não podemos controlar as coisas que passam por nossa mente. É comum que passem pensamentos com os quais não estamos de acordo. Chamam-se pensamentos intrusivos.

   Para comprovar isso, pergunte aos seus conhecidos se ocorre também com eles.

2. Se tentamos não tê-los, certamente voltarão a surgir.

   Para comprová-lo, proponha-se não pensar em alguma coisa durante o dia inteiro e veja quantas vezes pensa nisso.

3. Se tentar controlar seus pensamentos, provavelmente pensaremos cada vez mais.

   Para comprová-lo, divida uma folha em duas colunas e durante o dia controle ao máximo este pensamento. Cada vez que ele aparecer, faça um "x" na primeira coluna. No dia seguinte, simplesmente deixe que o pensamento venha quando for e anote na segunda coluna.

Quando controlo o pensamento	Quando não tento controlar

   Em qual dia você pensou mais?

4. O pensamento não tem poder. Nem para o que é bom, nem para o que é ruim.

   Pensar que sei tocar piano não significa que saiba fazê-lo.

   Para averiguá-lo:

   1. Pense durante muito tempo em alguma coisa boa, como, por exemplo: "vou ganhar na loteria" (se ganhar, lembre de nós, rsrsrsrs).
   2. Agora, coloque a prova pensando em alguma coisa ruim.

5. Os rituais tampouco têm poder. Se as coisas mudam ou não, não depende dos nossos rituais.

   Para averiguá-lo terá que fazer alguns exercícios especiais. Quando estiver pronto, explicaremos.

5. Como falar com o problema[5]

As técnicas são três:

> Palavras de ânimo.
>
> Ver as ideias claramente.
>
> Tomar distância.

Palavras de ânimo:

> Lembre todos os recursos que você tem para enfrentar isso.
>
> Fale como se fosse alguém que te faz pensar ou que faz determinadas coisas.
>
> Exemplo: "Não vai me fazer mal, é só um lápis fora do lugar."

Ver as coisas claramente[6]:

> Tente ver claramente se está:
> Superestimando a importância dos pensamentos.
> Exagerando a sua responsabilidade sobre o que ocorre.
> Aumentando os perigos.
> Dando muita importância para que as coisas estejam perfeitas.
> Exemplo: "Se choca, não é pelo que eu pensei"

Tomar distância:

> Pode dizer a você mesmo:
>
> • "Apareceu novamente... (como chamar as suas obsessões)".
>
> • "Minha cabeça está travada novamente".
>
> • "São somente pensamentos sem importância".

---

5 N. do A.: Para uma compreensão maior destas técnicas, vide: Tomás, J., Bassas, N. & Casas, M. (2005). Tratamiento cognitivo conductual de los trastornos obsesivos compulsivos en paidopsiquiatría. Barcelona: Alertes S.A.

6 N. do A.: "Ver as coisas claramente utiliza-se como sinônimo de reestruturação cognitiva".

6. Enfrentando as obsessões

A chave para superá-las é:

ENFRENTAR a obsessão,
sem fazer o RITUAL

Algumas pautas que podem lhe ajudar são:

- Revisar as curvas do medo e as curvas do valente.
- Revisar a escada do valente.
- Começar pelas mais fáceis e depois subir às difíceis.
- Certamente terá muita vontade de fazer o ritual.
- No início essa vontade e ansiedade vai aumentar, mas se aguentar o tempo suficiente, diminuirão. Este é o único modo de perder o medo.
- Revisar as regras de ouro para as escadas.

Recomendamos que não use as técnicas de relaxamento. Se o fizer, não poderá comprovar como a ansiedade diminui sozinha.

Para medir a ansiedade durante a exposição

Enquanto enfrenta as suas obsessões sem fazer o ritual, sugerimos que vá anotando no quadro a seguir quanta ansiedade experimenta, para que observe como evolui a mesma. Lembre que a ansiedade costuma aumentar no início e depois diminui.

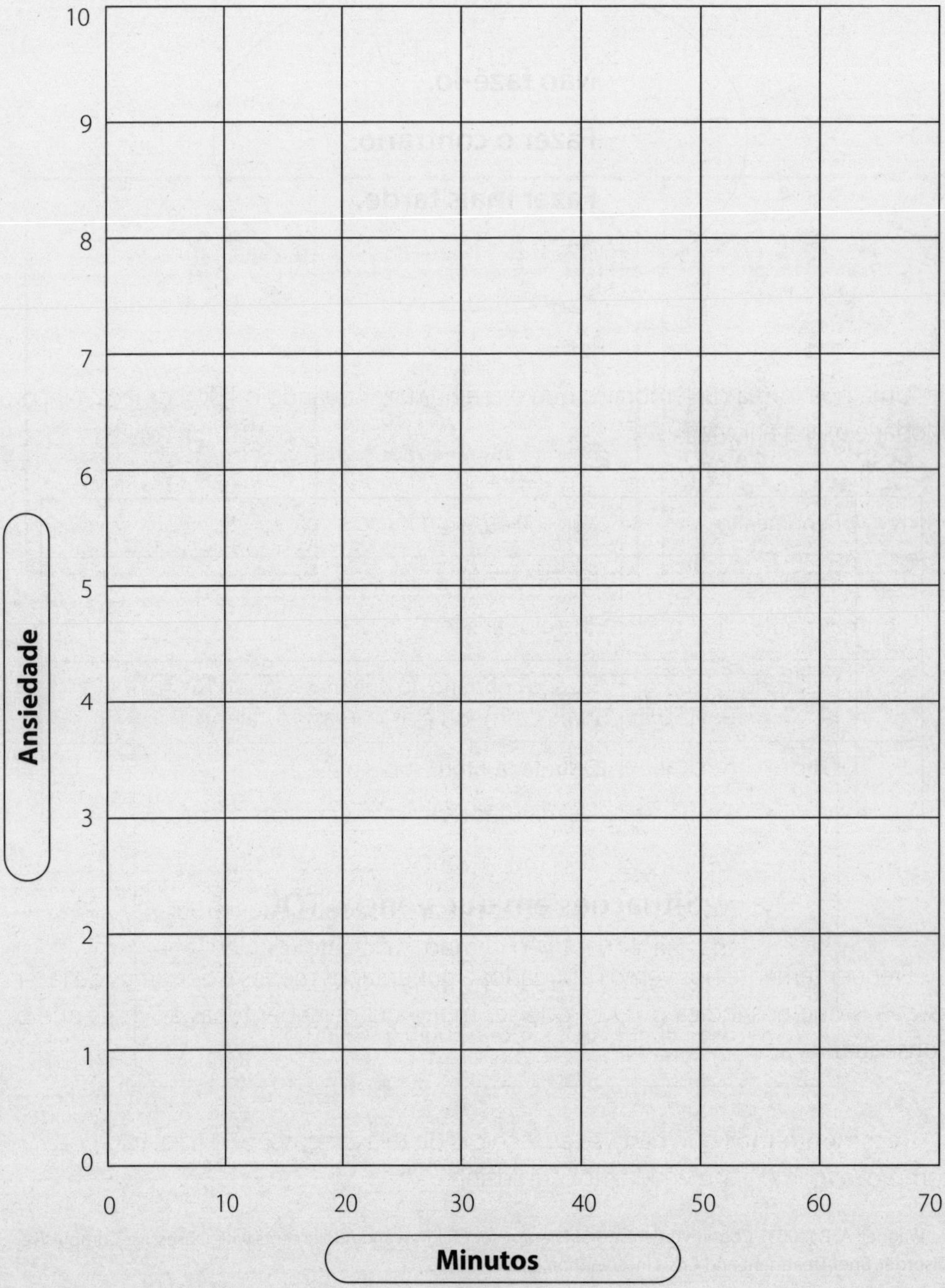

Ajuda memória

Para que lembre, 3 estretégias para vencer o TOC são:

Não fazê-lo.

Fazer o contrário.

Fazer mais tarde.

Uma boa forma de lembrar o que é melhor fazer quando o TOC começa a incomodar é usar a palavra R.I.D.E*

R:	Renomeá-lo	"Não sou eu, é o TOC"
I:	Insistir (em ter o controle)	"Eu vou decidir o que fazer, não o TOC"
D:	Desafiá-lo	"Fazer o contrário do que me manda o TOC"
E:	Êxito	"Disfrutar a vitória sobre o TOC"

Situações em que venci o TOC

Frequentemente nos vemos obrigados a enfrentar os medos e deixamos de fazer as coisas que nos indica o TOC. Pode ser muito útil perceber todas as vezes que o conseguiu.

* Wagner, A. P. (2003). Cognitive-Behavioral Therapy for Children and Adolescents with Obsessive-Compulsive Disorder. Brief Treatment and Crisis Intervention, 3, 291–306.

Mostramos um exemplo:

	Segunda-feira	Terça-feira	Quarta-feira	Quinta-feira	Sexta-feira	Sábado
Hoje eu me expus a...	Não voltei atrás quando caminhava	Estava cansado, não lavei as mãos e nada aconteceu	Pisei em uma linha na calçada e o dia foi tranquilo e eu continuo saudável	Tranquei a porta sem repetir isso	Não chequei minha mochila e não esqueci de nada	Estava apertado e não verifiquei se tinha farpas no assento. Não me machuquei

Ficha: Vezes que venci o TOC

	Segunda-feira	Terça-feira	Quarta-feira	Quinta-feira	Sexta-feira	Sábado
Hoje eu me expus a...						

Importante:

Enfrentar as obsessões sem fazer os rituais pode ser muito difícil. Por isso alguns clentes cansam e querem abandonar. É importante que saiba que ainda que dê trabalho, tem os seus benefícios.

Para que o veja, mostramos o que escreveu um adolescente de 14 anos sobre o tratamento.

Eu tive um problema com obsessões. Me sentia muito mal, de 1 a 10 me incomodava 9,75. Me isolava do mundo, não podia assistir televisão, porque por qualquer coisa surgiam as ideias. Não sabia o que fazer, até que comecei o tratamento. Comecei com exposições imaginárias. Só de pensar nisso aumentava muito a minha ansiedade. No início tive muita dificuldade, mas depois de um tempo me senti melhor. Logo fui escalando nas exposições, até passar às duas mais fortes. Tive que gravar várias no MP3 e fazê-las sozinho na minha casa. Depois tive que fazer isso com fotos e vídeos, e já que o meu medo tinha a ver com os insetos, tive que ir com o meu terapeuta a uma praça. Agora, depois de 5 meses de tratamento, as obsessões me incomodam de 0,75 a 1,5, no máximo. Olho para trás e percebo que tive muita dificuldade, mas agora vejo que os benefícios do tratamento são muito maiores que os problemas que me ocasionava. Por exemplo, já não me isolo do mundo, me sinto muito bem e estou contente. Em muitas partes do tratamento me deu vontade de abandoná-lo, mas pensei que se continuasse ficaria muito melhor, e consegui.

Marcelo

Pautas para pais de crianças com TOC[7]

- O TOC é o problema, não seu (sua) filho/a.
- O terapeuta será como um treinador para seu (sua) filho/a.
- Em vez de dar conselhos à criança, anime-a.
- Quanto mais souber sobre o TOC, melhor.
- Utilize a caixa de ferramentas.
- Pode falar com o TOC.
- Recompense cada tentativa de enfrentamento do (a) seu (sua) filho/a.
- Não ajude nunca o TOC.
- Motive seu (sua) filho/a a resistir.

Ajuda memória: a chave para lembrar o que fazer é a palavra

RALLY*

R:	Reconheça o TOC e seus sintomas
A:	Alie-se ao seu filho
L:	Leve-o a enfrentar seus medos
L:	Liberte-o para que possa enfrentar e aprender sozinho
Y:	YES! (Sim!) Reconheça e gratifique-o

7 Subirá Mendez, D., LLopart Capdevila, O., Grisales Valencia, A., Bassas Bolívar, N., & Tomás Vilaltella, J. (2003). Estrategias terapéuticas en el tratamiento del TOC infanto-juvenil: aspectos psicosociales. AN. PSIQUIATRIA (Madrid), 19(9), 385-391.

* Wagner, A. P. (2003). Cognitive-Behavioral Therapy for Children and Adolescents with Obsessive-Compulsive Disorder. Brief Treatment and Crisis Intervention, 3, 291–306.

Exemplo

R:	É você ou o TOC quem está falando que você não está limpo?
A:	Que posso fazer para te ajudar a parar o TOC?
L:	Pode tentar desafiá-lo? Perceba que passa se você se manter firme nisso
L:	Se eu limpar vou estar ajudando o TOC e não você. Assim, vou te deixar sozinho para enfrentar isso.
Y:	Muito bem! Você conseguiu! Vamos comemorar!

Como poderia fazer isso com o seu filho?

R: ____

A: ____

L: ____

L: ____

Y: ____

CAPÍTULO 10

ESTADO DE ÂNIMO

Por que me sinto assim?[1]

Sentir-se deprimido ou para baixo é uma coisa que acontece com muitas pessoas e pode influenciar em diversas áreas da nossa vida.

Nosso humor: podemos estar tristes, de mau-humor, que tudo nos incomoda e irrita, que não aguentamos ninguém etc.

Nossa energia: estamos mais cansados, tudo nos dá preguiça, podemos ter sono ou, em vez disso, não poder dormir, ter mais fome ou não querer comer.

Nossos pensamentos: podemos ter dificuldade de nos concentrar, escolher o que fazer (não nos ocorre nada), muitas coisas nos parecem tediosas, começamos a pensar que tudo é uma porcaria ou que nós mesmos não valemos nada, que nada vai melhorar.

Nosso comportamento: deixamos de fazer as coisas que fazíamos e cada vez fazemos menos, passamos mais tempo jogados na cama ou no sofá, assistindo televisão etc.

Nossas relações: brigamos mais em casa, cada vez compartilhamos menos tempo com os nossos amigos.

Nosso rendimento no colégio: temos mais dificuldade de estudar, não temos vontade de ir, não nos interessa se estamos mal ou estamos certos de que algo ruim acontecerá.

Pensamento – Emoção – Comportamento

Para lembrar:

Quando estamos deprimidos, o nosso pensamento torna-se muito negativo. Vemos tudo com óculos escuros. Principalmente:

- O que ocorre à nossa volta
- Nosso futuro
- E a nós mesmos

[1] Vide: Shaffer, D. & Waslick, D. (2000). Las Múltiples caras de la Depresión en niños y adolescentes. Barcelona: Ars Medica.

Por que ficamos deprimidos?

Na nossa vida, podemos enfrentar situações difíceis, como:

- A perda de um ente querido.
- A separação dos nossos pais.
- Uma briga com amigos, namorados.
- Notas baixas no colégio, brigas em casa etc.

Estas coisas nos deixam **naturalmente tristes**. Mas a tristeza ocasional poderia se transformar em um problema (ficar muito intensa e durar muito) se a enfrentamos de forma errada, e nos levar a:

- Deixar de fazer coisas que gostamos e/ou que nos fazem sentir que temos sucesso;
- Isolarmo-nos dos nossos amigos e outras pessoas que gostam de nós.

Veja este círculo vicioso:

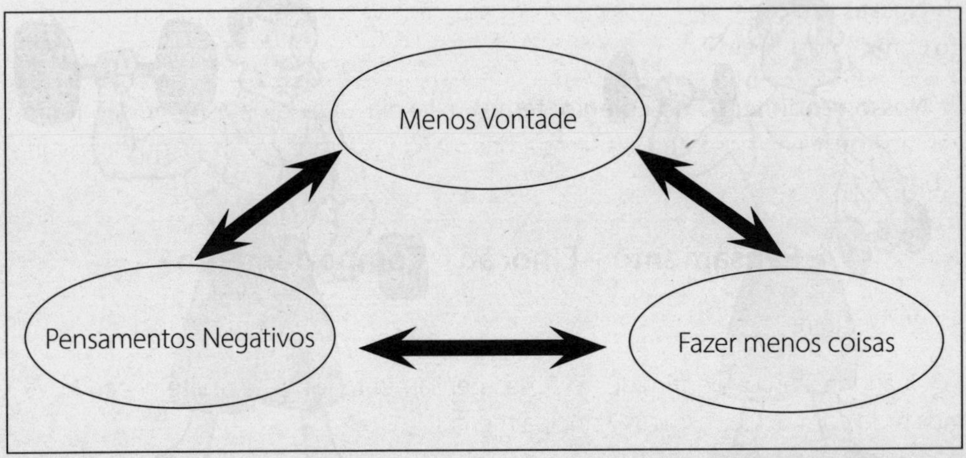

Este é um problema que pode ser combatido!!!!

A seguir mostramos como.

Malhando com a tristeza

Sabia que uma forma para combater a tristeza é fazer coisas agradáveis e das quais gostamos?

O problema é que quando estamos tristes por algum tempo, temos mais dificuldade em fazer as coisas. O estado de ânimo é como um músculo que perde o costume. Por isso, a ideia é voltar a fazer aos poucos essas coisas que nos fazem sentir com sucesso ou alegres: visitar um amigo ou jogar uma partida, e anotar como muda o nosso estado de ânimo a medida que recuperamos a prática.

É como quando você vai pela primeira vez a uma academia. Levanta pouco peso e, no outro dia, dói o corpo inteiro. Mas aos poucos, com treinamento, as coisas ficam mais fáceis e você consegue levantar mais peso, ou o mesmo, com menos esforço.

Ampliando a visão

Quando estamos para baixo temos dificuldade em ver as coisas boas que ocorrem conosco. Para que você possa ir se acostumando a ver tudo o que ocorre contigo e não somente o que você não gosta ou te faz sentir mal, aconselhamos que registre no quadro as coisas positivas que ocorrem contigo durante o dia.

	Segunda-feira	Terça-feira	Quarta-feira	Quinta-feira	Sexta-feira	Sábado	Domingo
Semana 1							
Semana 2							
Semana 3							
Semana 4							

Os espirais

Quando começa a malhar com a tristeza, costuma ocorrer de que aos poucos você vai se sentido cada vez melhor. Se não for assim, olha o que aconteceu com uma criança parecida com você:

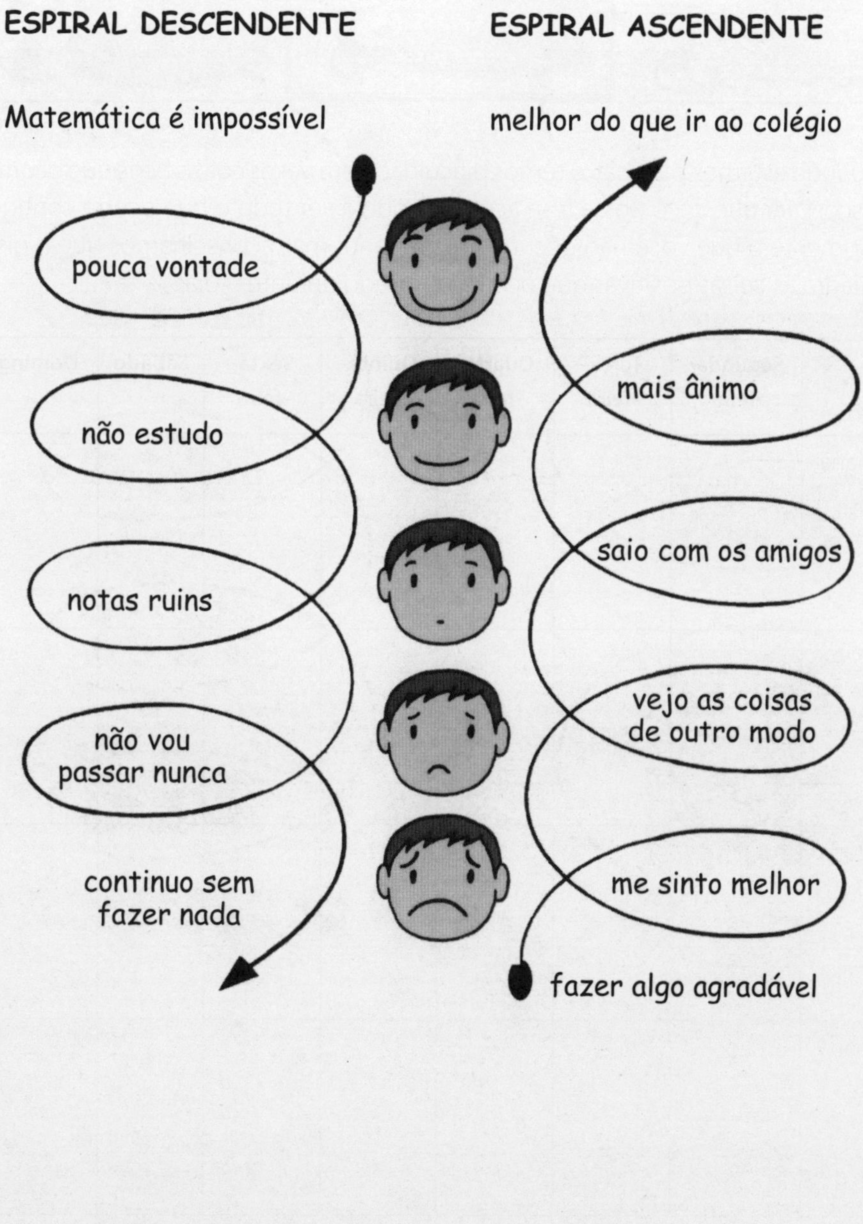

Ficha: espirais

Pode preencher os dois espirais com coisas que tenham acontecido contigo?

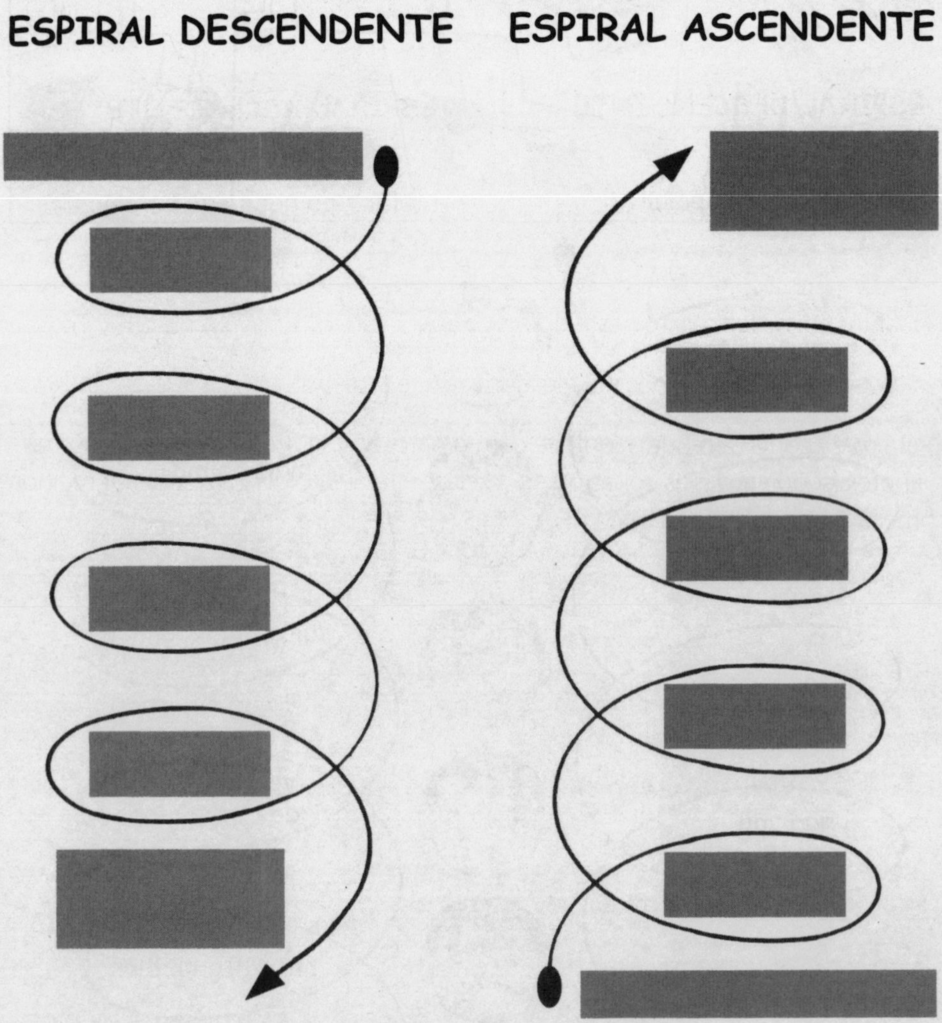

Atividades agradáveis

Quantas coisas fez o gato neste dia? ....

Se você fizesse o mesmo que ele, como você se sentiria? ....

Para que aconteça o que acontece com o gato e os seus dias sejam menos "moles", anote a seguir todas as coisas que pode fazer durante o dia para se sentir melhor e começar o espiral ascendente:

1. ....
2. ....
3. ....
4. ....
5. ....
6. ....
7. ....
8. ....
9. ....
10. ....

Lembre-se:

> Não espere ter vontade para fazer as coisas.
> Faça as coisas para que tenha vontade.

Ficha: termômetro do ânimo

Para que possa controlar o seu estado de ânimo é muito importante que esteja consciente de como se sente. A seguir lhe damos um termômetro para que preencha os diferentes níveis de intensidade das suas emoções.

1 equivale a se sentir muito bem e 10 equivale à "zona de perigo", que é "o pior que posso me sentir".

Ficha: relação entre atividades agradáveis e estado de ânimo[2]

Vamos pedir que no final de cada dia dedique 1 minuto a pensar e anotar neste quadro quantas coisas fez e como se sentiu (utilize o termômetro para medir como se sentiu). O ânimo pode pintá-lo com a cor que corresponde.

Dia	Segunda- -feira	Terça- -feira	Quarta- -feira	Quinta- -feira	Sexta- -feira	Sábado	Domingo
Atividades Ânimo	= .... = ...	= .... = ...	= .... = ...	= .... = ...	= .... = ...	= .... = ...	= .... = ...
Atividades Ânimo	= .... = ...	= .... = ...	= .... = ...	= .... = ...	= .... = ...	= .... = ...	= .... = ...
Atividades Ânimo	= .... = ...	= .... = ...	= .... = ...	= .... = ...	= .... = ...	= .... = ...	= .... = ...
Atividades Ânimo	= .... = ...	= .... = ...	= .... = ...	= .... = ...	= .... = ...	= .... = ...	= .... = ...
Atividades Ânimo	= .... = ...	= .... = ...	= .... = ...	= .... = ...	= .... = ...	= .... = ...	= .... = ...
Atividades Ânimo	= .... = ...	= .... = ...	= .... = ...	= .... = ...	= .... = ...	= .... = ...	= .... = ...
Atividades Ânimo	= .... = ...	= .... = ...	= .... = ...	= .... = ...	= .... = ...	= .... = ...	= .... = ...

Busque pensar, vendo os resultados: coincide a quantidade de coisas agradáveis que você faz com um melhor estado de ânimo? Quais coisas lhe produzem melhora? Quais atividades não têm tanto efeito?

Busque avaliá-lo à noite, para fazer um balanço geral.

---

2 Adaptado de N. de A.: Clarke, P., Lewinsohn, H. & Hops, J. (1990). Adolescent Coping With Depression Course. Eugene: Castalia Publishing Company.

E no dia seguinte, continue exercitando os músculos para vencer a tristeza!

Ficha: gráfico de relação entre estado de ânimo e as atividades

Já que preencheu a ficha anterior, agora queremos que preencha o gráfico, para que veja como estão relacionadas as coisas que faz com o que sente.

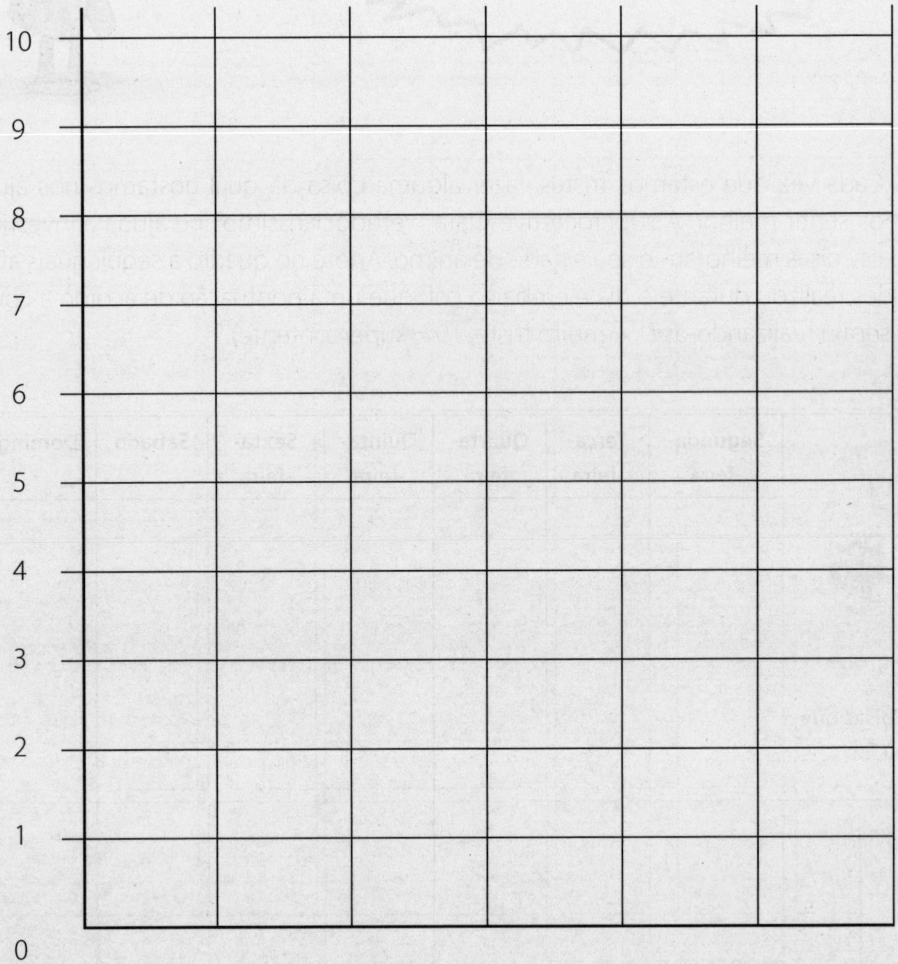

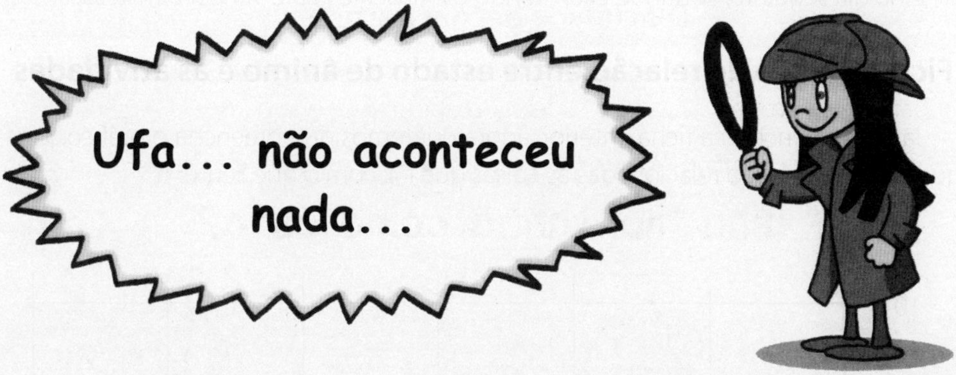

Cada vez que estamos tristes, fazer alguma coisa da qual gostamos nos ajuda a nos sentir melhor. A superdetetive Clara "Vetudoclaríssimo" lhe ajuda a investigar quais coisas melhoram o seu estado de ânimo. Anote no quadro a seguir quais atividades realizou durante o dia e embaixo coloque uma pontuação de acordo a como se sentiu realizando-as (1 = muito triste, 10 = supercontente).[3]

	Segunda-feira	**Terça-feira**	**Quarta-feira**	**Quinta-feira**	**Sexta-feira**	**Sábado**	**Domingo**
 **Coisas que eu fiz**							
 **Como me senti (1-10)**							

[3] N. dos A.: Este exercício é especialmente direcionado a meninas de 6 a 9 anos aproximadamente.

Dificudade de "dar partida"[4]

Quando estamos tristes temos dificuldade de começar a fazer as coisas, temos uma tendência de não fazer nada. Para superar isso, propomos que pense no seguinte:

Quanta vontade te dá de subir uma montanha como esta?

Entretanto:

Uma montanha menor? **E outra menorzinha?** **E esta outra?**

O que te dá mais preguiça, a grande ou a pequena?

....

4 Vide: Burns, D. (2005). Sentirse Bien. Buenos Aires: Paidós.

O primeiro passo costuma ser o mais difícil.

Quanto menor o seu objetivo, é mais difícil começar.

Uma vez que deu partida, pode continuar com outro objetivo pequeno.

Muitas metas pequenas são o mesmo que uma grande.

Aos poucos todas somam e ainda você recebe um empurrão.

A chave é:

- DIVIDIR as tarefas em pequenos passos.
- ADEQUAR as expectativas.
- Não pretender tudo já.

Tente aplicar esta ideia às coisas nas quais tiver mais dificuldade de realizar (por exemplo: as tarefas do colégio, sair com amigos) e depois conte-nos como se saiu.

Ficha: Estratégias para "dar partida"

Qual seria para você uma montanha grande e difícil de escalar?

....

....

....

....

....

Como poderia dividir seu medo em pequenos passos?

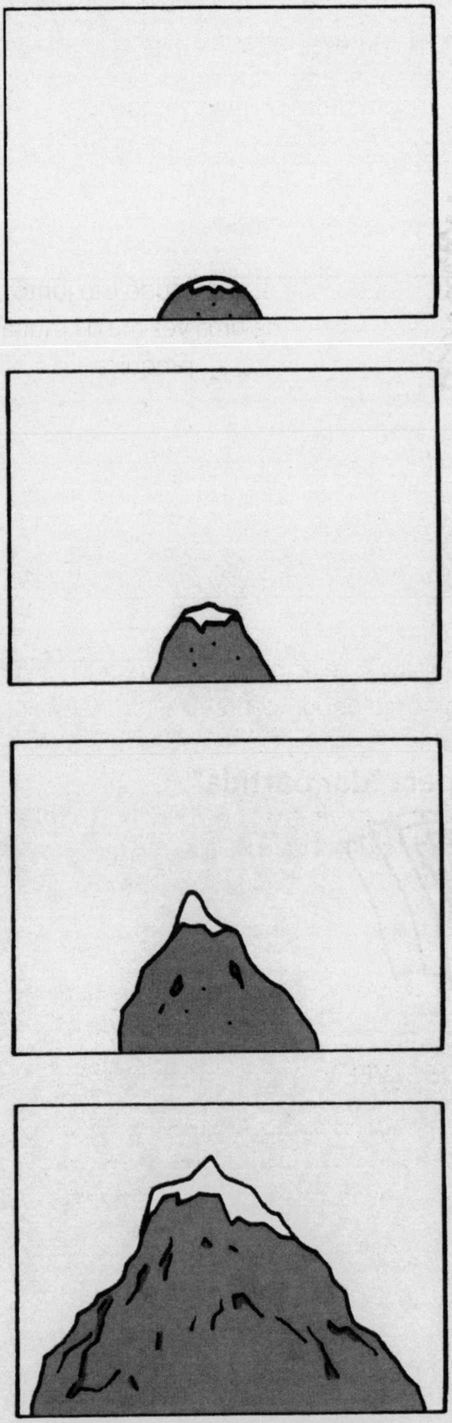

Outra forma de entendê-lo é a seguinte:

Estudar tudo isto junto de uma vez me dá muita preguiça.

No entanto, se faço uma por vez, vai ficar mais fácil.

A roda dos pensamentos negativos

Por que "SIM" é impossível	Por que "NÃO" é impossível
Os últimos três anos fiquei de recuperação	Antes disso, ainda que fosse difícil, eu passava
	Na recuperação passei numa prova que era mais difícil do que todas do ano
	Milhões de alunos passam, por que eu não passaria?
	As vezes que fiquei de recuperação eu não tinha estudado muito
	Se fosse impossível, ninguém passaria

Ficha: Por que SIM, por que NÃO

Para que o pense com os seus próprios exemplos.

Por que é impossível	Por que é possível

Estacas mentais

Frequentemente estas ideias impedem que mudemos o que acontece conosco. Como o que ocorre com este elefante:

Quando era pequeno, o amarraram. Como não tinha muita força, se convenceu de que não pudesse se livrar e deixou de tentar. Anos mais tarde, já tinha crescido e a estaca era muito pequena ao seu lado, mas ele continuava com medo de se ver livre apesar de que agora era mais forte.

O que você diria ao elefante?

Colocar a prova os seus pensamentos pode te permitir descobrir muitas coisas novas sobre você mesmo.

Exercícios para combater a tristeza:

O bom detetive e o mau detetive[5]

Quando o mau detetive é chamado para solucionar um caso, baseia-se em dois ou três casos anteriores, em algo que lhe contaram ou em algo que viu na televisão para tirar suas conclusões. Pensa apressadamente e desta forma não resolve nada.

Um bom detetive aprende a buscar evidências para tirar conclusões sobre um caso. Provas a favor e contra. Também busca várias alternativas para resolvê-lo. Pode ter sido o mordomo, mas não há que descartar o sócio ou a noiva brava.

Também tem muito cuidado onde coloca a lupa. Conforme olhamos as coisas, podemos tirar conclusões diferentes. Por isso, convêm focar bem, colocar a lupa em vários lugares para que não percamos nenhuma pista.

---

5 **Kendall recomenda o uso de metáforas como a do detetive para o trabalho com os pensamentos automáticos negativos. Vide:** *Kendall, P. (2000). Child and adolescent therapy. Treatment of Depression in Childhood and adolescence p173-234. Nova York: The Guilford Press.*

Queremos lhe propor que seja um bom detetive dos seus pensamentos!

Os pensamentos que temos quando estamos tristes são como as ideias que os investigadores têm ao solucionar um caso. Já que a forma como está pensando te deixa triste, por que não investigar se é verdade?

O primeiro passo é perceber o que você pensa quando está triste e anotá-lo.

Vejamos um exemplo:

Depois, faça-se as perguntas do detetive[6]:

- Quais provas tenho a favor de que este pensamento é real?
- Quais provas tenho contra?
- Há outras formas de olhar esta situação, outra forma de pensar nela?

E anote as respostas...

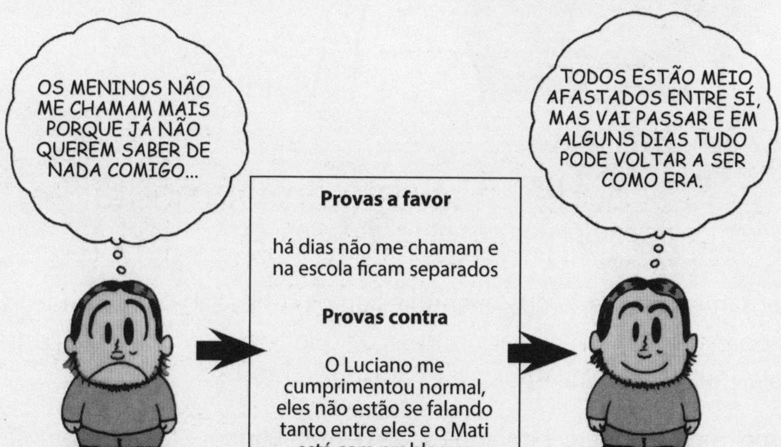

[6] N. do A.: apresentam-se variantes aos registros de pensamentos clássicos utilizados com adultos.

Depois de questionar o pensamento que te deixa triste, está pronto para uma ideia alternativa sobre o que acontece contigo. Anote-a e verifique o seguinte:

Quanto acho que esta ideia pode ser tão ou mais real que a anterior?

Mais ou menos, bastante ou muito?

Esta ideia me faz sentir melhor?

Mais ou menos, bastante ou muito?

A medida que aprender a ser um bom detetive dos seus pensamentos, terá mais controle das ideias que lhe fazem sofrer.

Um esclarecimento importante:

Com estes exercícios não se pretende que pense tudo positivamente, nem que nunca veja os perigos, mas que aprenda a questionar os seus pensamentos[7].

O "poder" não está em aumentar os pensamentos positivos, e sim em REDUZIR OS NEGATIVOS

7 Kendall, P. (2000). Child and adolescent therapy. Treating Anxiety Disorders in Youth, p.257. Nova York: The Guilford Press.

Ficha: registro de pensamentos

Pode provar com coisas que acontecem contigo? Pode copiar o quadro a seguir e preenchê-lo com experiências pessoais. Perceba como o seu estado de ânimo muda a medida que pensa de outra forma aquilo que o deixa triste!

Outro modo de questionar os seus pensamentos é imaginar que você é um juiz que compara as provas que tem, antes de proferir a sentença sobre o pensamento negativo.

O pensamento é

Provas a favor	Provas contra

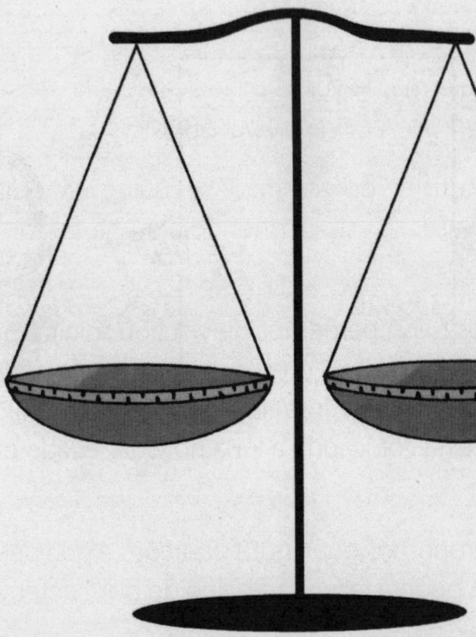

A sentença é:

Os pontos de vista

A esta altura já deve ter aprendido que os seus pensamentos dependem do modo como vê as coisas[8].

Enriqueta tem uma linda forma de ver as coisas e isso a faz se sentir bem com a sua vida. É importante aprender a ver as coisas CLARAMENTE.

Além das técnicas do detetive e do juiz, pode ser útil rever as distorções que explicamos anteriormente e avaliar se está ocorrendo alguma. Distorcer as coisas que vemos é como focar mal a lupa.

Se aumentamos os dados ruins, perdemos de vista ou minimizamos os bons. Se alguma vez o assassino foi o mordomo e esperamos que em todos os casos seja assim, não resolveremos nenhum mistério! Veja se está ocorrendo alguma das distorções que lhe explicamos, se está colocando a lupa no lugar errado e busque recuperar a informação que falta.

Nos quadros seguintes propomos que anote situações e que pense nas mesmas. Com ajuda do seu terapeuta poderá fazer o trabalho do bom detetive.

Um exemplo de outro tipo de Registro de pensamentos é o seguinte, que foi preenchido por um menino de 14 anos que não queria estudar História.

---

8 Vide: Sacco, W. & Beck, A. (1995). Theory and Cognitive Therapy. In: Beckham, Leber. Handbook of Depression. Second Edition. Nova York: Guilford Press.

Situação	Pensamento	Emoção	Conduta	Resposta para o pensamento
Tenho que fazer os trabalhos de história		Não dá vontade	Não estudo e vou mal, tenho notas ruins e fico de castigo	É melhor estudar para saber no final do ano, ou ter uma ideia, pelo menos. No fim não custa nada fazer isso e evito ficar com um zero. Quem sabe a professora não reconhece meu esforço e me ajuda no final do ano. Se for difícil demais, estudo com alguém. Assim não fico de castigo.
Não gosto da professora				É bom eu começar a me dar melhor com a professora, porque é ela quem decide se eu passo de ano ou não. A nota de comportamento vale uns 30%. Se eu me comportar, isso já me dá uma ajuda e quando ela for corrigir minha prova pode ser mais boazinha.
A matéria é chata				Quando eu vou mal, tudo parece chato. Se eu fosse bem seria diferente. Se é chata o melhor é tirar da frente logo. Assim eu aguento durante o ano e não preciso pensar nela no final das aulas.

REGISTROS DE PENSAMENTOS (*)[9]

Situação	Pensamento	Emoção	Conduta	Resposta para o pensamento

*Quanto mais treinar, melhor aprenderá!!!!!

[9] N. do A.: Ao registro de pensamento clássico são acrescentados gráficos para torná-lo mais didático.

REGISTROS DE PENSAMENTOS (2)

Pensamento automático 	**Erros dos pensamentos**	**Respostas ao pensamento** 

(*) Alguns erros do pensamento são: filtro mental, conclusões apressadas, pensamento catastrófico, pensamento mágico, pensamento tudo ou nada, leitura de mente, generalização excessiva, desqualificação do positivo, magnificação ou minimização, pensamentos "deveria" ou "tiranos", rotulação, pensamentos perfeccionistas, personalização.

*Quanto mais praticar, melhor aprenderá!!!!!

Outros exercícios para combater a tristeza

Para se por à prova!

Se você fosse o psicólogo do pinguinzinho sem balão, o que diria a ele? É difícil, mas com imaginação certamente poderia ajudá-lo. Preencha a sequência com o que pode ter acontecido a ele e a alternativa com o que você diria a ele.

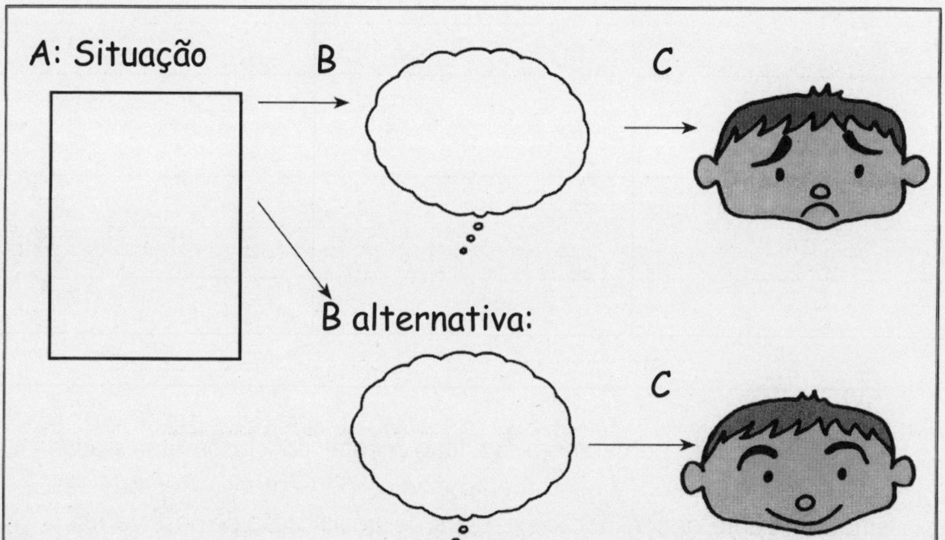

Ficha: mensagens familiares

Esta ovelha cinza se acha diferente das demais e, ainda, falam isso para ela claramente. Às vezes as pessoas das quais mais gostamos nos dizem coisas desse jeito e nos sentimos terrivelmente mal, tristes ou deprimidos.

Você se anima a escrever uma carta[10] à ovelhinha cinza para ajudá-la a se sintir melhor? Se alguma vez aconteceu alguma coisa parecida contigo, ajudá-la também vai ajudar você.

Querida ovelhinha,

....

....

....

....

....

....

Até a próxima,

....

[10] N. do A.: Young, J. & Klosko, J. (1994). Recomendam o uso de cartas no trabalho centrado nos esquemas. É necessário adaptar este formato a problemática particular do paciente. Young, J. & Klosko, J. (1994). Reinventa tu vida. Barcelona: Ediciones Paidós Ibérica S.A.

Ficha: minha vida

Um dia, uma criança nos falou que a sua vida era uma porcaria, que tinha problemas no colégio e que por isso brigava com os seus pais. Pedimos que preenchesse o seguinte quadro e isso lhe ajudou bastante. Veja se você pode preenchê-lo.

Aspectos positivos da minha vida	Aspectos negativos da minha vida

Ficha: gráfico de pizza[11]

Maria estava farta de ir à escola, dizia que NÃO TINHA NADA DE BOM na escola. Olhe o exercício que fez.

Coisas que eu não suporto na escola	Coisas que eu suporto (e até gosto)
A professora de matemática	Minhas amigas
Ter que acordar cedo	A aula de artes
Fazer aulas de recuperação	A aula de Educação Física
Os meninos brigarem comigo	Os recreios
	A professora de português
	A aula de computação

Pedimos que desenhasse uma pizza, e que no seu interior separasse uma porção que corresponderia a cada coisa. Depois pintou de cor escura o que não suportava e deixou em branco o que suportava da escola. Olhe o que descobriu:

A escola

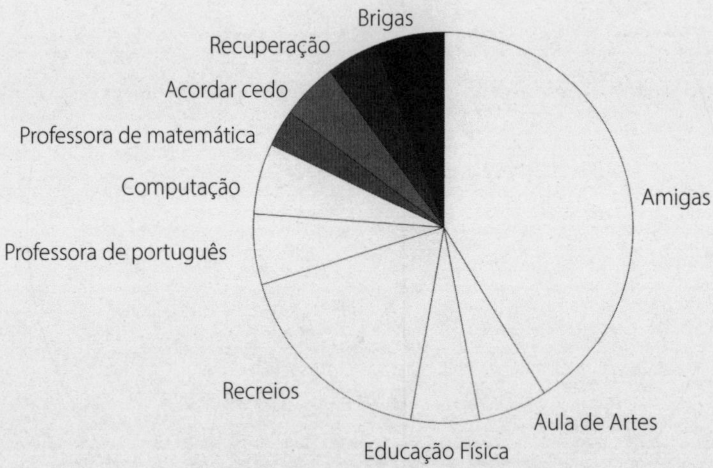

Acha que Maria poderia continuar dizendo que não há nada de bom na sua escola?

[11] N. do A.: É uma técnica cognitiva que pode ser aplicada a diferentes cognições, como a de responsabilidade no caso dos pacientes com TOC.

Ficha: gráfico de pizza

A seguir apresentamos gráficos em branco para que preencha com o que achar mais conveniente.

Coisas que eu não gosto em...	Coisas que eu gosto em...

Agora separe as porções:

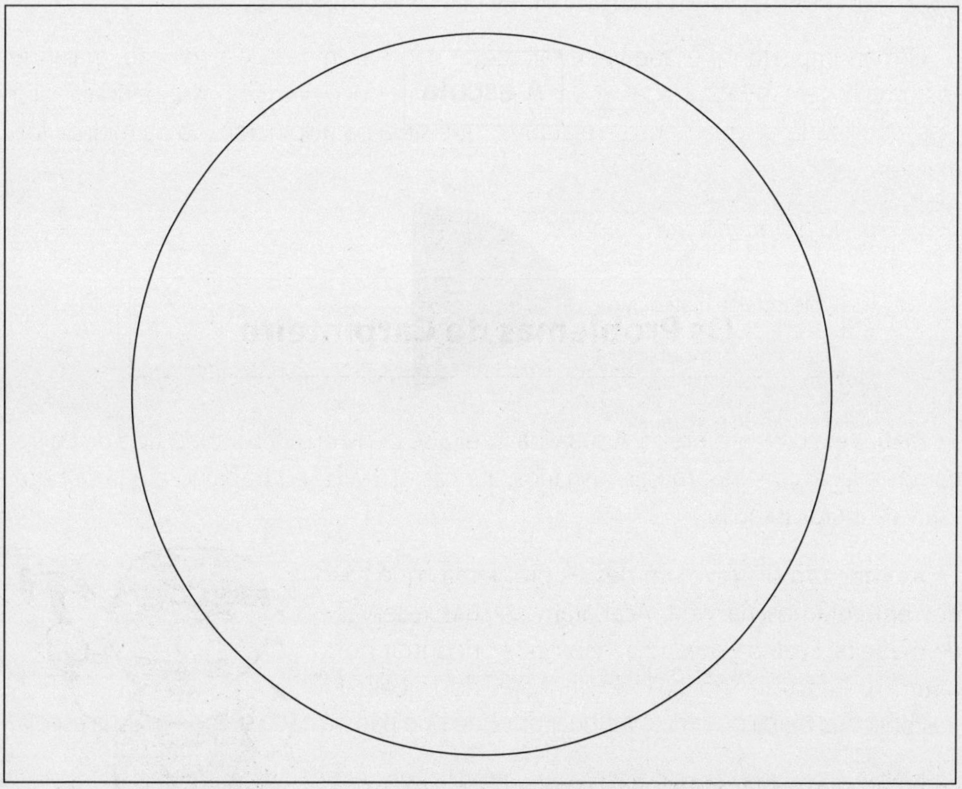

Resolução de problemas

Seria ideal poder ter uma solução para todos os nossos problemas, mas lamentavelmente isso não é possível.

Todos costumamos ter alguns na nossa vida. Isso é normal! Entretanto, podemos ficar tristes ou ansiosos quando temos dificuldade em encontrar soluções. Por isso, é importante aprender alguma técnica para resolvê-los e nos sentir melhor.

O mais importante é que você saiba que não há uma ÚNICA solução, mas que costuma haver VÁRIAS opções, e, em quantas mais opções você possa pensar, maior a probabilidade de que pense em alguma que sirva para solucioná-lo da melhor forma possível.

Veja nesta historinha, por exemplo:

Os Problemas do Carpinteiro

Matias era um carpinteiro. A sua vida inteira se dedicou a fazer todo tipo de coisas com madeira: cadeiras, mesas, armários, até casas! Era o seu trabalho e o fazia bem. Estava superorgulhoso.

Até que um dia teve um desses problemas que todos enfrentamos na vida. Acabaram as suas reservas de madeira! E, ainda por cima, não pôde encontrar nenhum lenhador no povo. Todos tinham ido trabalhar nos bosques do sul.

Então, quis tentar solucionar o problema ele mesmo. Decidiu cortar árvores para obter a sua própria madeira.

Foi direto para o bosque, levando a sua ferramenta favorita, a qual o tinha deixado famoso: o martelo mais rápido do oeste!

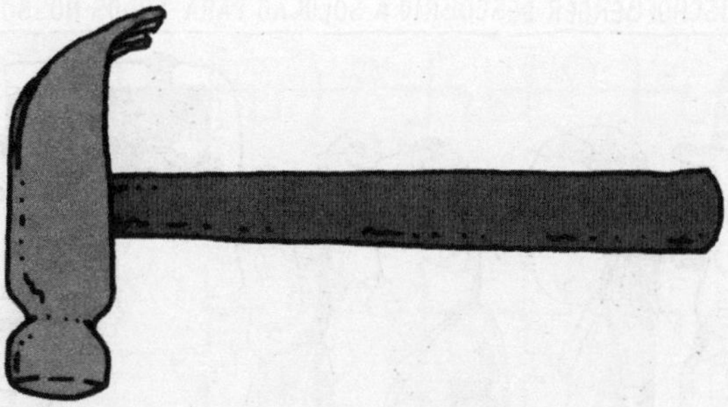

Ao chegar ao bosque, encontrou um carvalho importante. Este é o meu!, pensou. E começou a bater e bater com o martelo. Mas o carvalho não caía.

Matias começou a ficar inquieto. E depois a ficar cada vez mais frustrado. O que acontece com este carvalho? Está tirando sarro de mim?, dizia. Assim sendo, tentou com outro carvalho do bosque. Bate que bate com o martelo.

Ao cair a tarde, já tinha tentado com todas as árvores do bosque, sem ter resultados. Tinha a mão inchada como um balão e sentia uma grande dor e cansaço.

Confuso e frustrado, não conseguia entender o que estava acontecendo. Umas árvores de nada resistiam ao martelo mais rápido do oeste. Cansado e triste, Matias decidiu voltar para casa. No caminho de volta encontrou um rapaz que estava de férias no povo, curtindo bastante. Adivinha quem é?

O RAPAZ É VOCÊ!

Que ideia você tem para ajudá-lo? Que erro acha que cometeu o carpinteiro? O que você recomendaria a ele?

....

....

Onde está o problema? Acha que o problema é que as árvores são muito duras? Ou é outro?

....

....

Quais ferramentas ou alternativas você poderia sugerir que utilize no lugar do martelo?

1. ....
2. ....
3. ....

Talvez você possa pensar que Matias é um cabeça dura, que se empenha em resolver o seu problema com um martelo, ainda que já tenha comprovado que não conseguiria nada. Mas, geralmente, as pessoas não são tão diferentes deste carpinteiro. Muitas vezes nos empenhamos em utilizar a mesma ferramenta ou estratégia ainda que não tenhamos tido bons resultados.

Moral da história: nunca fique só com uma opção. Tenha sempre alternativas!

Ficha: resolução de problemas

Como falamos anteriormente, muitas vezes ficamos tristes, bravos ou ansiosos pelos problemas que temos. É importante que aprenda alguma técnica para solucioná-los quando surgirem[12].

1. Primeiro passo: definir bem o problema, que seja algo bem concreto.
2. Colocar todas as opções que conseguir pensar.
3. Ver as vantagens e desvantagens de cada uma.
4. Escolher a melhor opção e ver como implementá-la.

A seguir você tem um exemplo para o que considerar melhor:

Problema:	**Os meninos do colégio me irritam. Eu fico bravo e bato neles, e depois fico de castigo**	
Opções	Vantagens	Desvantagens
Continuar batendo neles	Fico aliviado da raiva	Continuam me irritando. Fico com notas ruins. Fico de castigo
Contar pra professora que estão me irritando	Não me dão nota baixa. Minha mãe não fica brava comigo	Me chamam de dedo-duro
Ignorar eles	Não me dão nota baixa. Minha mãe não fica brava comigo. Meu terapeuta me diz que eles vão se cansar de me irritar	Não sei quanto tempo vou aguentar. É capaz que eu exploda
Pedir para meus pais me mudarem de colégio	Os meninos vão parar de me irritar porque não vou ver mais eles	Vou deixar de ver também os meninos que são meus amigos. É possível que no novo colégio também tenham meninos que me irritem
Qual a melhor opção e como eu vou fazer funcionar?	Acho que a melhor opção vai ser tentar ignorar eles, se não funcionar eu tento alguma outra.	

[12] D'Zurilla, T. & Goldfried, M. (1971). Problem solving and behavior modification. Journal of Abnormal Psychology, 78, 107-126.

Um esclarecimento importante:

Na maioria das vezes não vamos encontrar a "solução ideal" para o nosso problema, provavelmente teremos que escolher a melhor possível, ou a menos pior.

Para que você vá praticando aos poucos:
Pense em algum problema que tenha tido ultimamente.

Qual estratégia usou para solucioná-lo?

Sua estratégia tinha os mesmos resultados que a do "Matias o carpinteiro" e seu martelo? Por quê?

Agora tente imaginar todas as ferramentas que poderia ter usado (no lugar do martelo) para resolvê-lo:

<table>
<tr><td colspan="2">O problema foi:</td></tr>
<tr><td colspan="2">Algumas ferramentas que poderiam ter sido usadas:</td></tr>
<tr><td>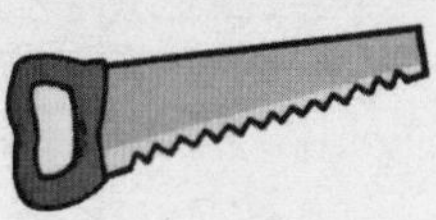</td><td></td></tr>
<tr><td></td><td></td></tr>
<tr><td>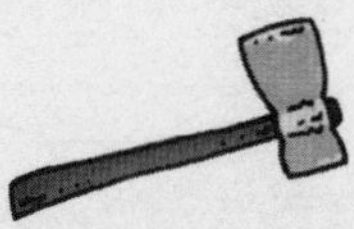</td><td></td></tr>
</table>

Ficha: resolução de problemas

1. Primeiro passo: definir bem o problema, que seja algo bem concreto.
2. Colocar todas as opções que lhe vierem à mente.
3. Ver as vantagens e desvantagens de cada uma.
4. Escolher a melhor e ver como implementá-la.

Problema:		
Opções	Vantagens	Desvantagens
Qual é a melhor? Ou a menos pior? Como fazer funcionar?		

Quando estamos em crise[13]?

Quando estamos muito mal, podemos fazer coisas que nos machucam ou que machucam aqueles de quem gostamos. Por isso é importante saber como melhorar o nosso estado de ânimo.

Algumas estratégias:

5. Distrair-se
6. "Mimar-se"
7. Melhorar
8. Vantagens - Desvantagens
9. Meio sorriso
10. Aceitação

1. **Distrair-se:** realizando atividades, ajudando alguém, fazendo comparações, deixando passar o momento, pensando em outras coisas, gerando emoções opostas àquelas que nos incomodam ou sensações intensas que não nos machuquem.
2. **"Mimar-se":** fazer alguma coisa que quer, olhar, escutar, tocar, cheirar, comer algo que nos faça sentir bem ou melhor.
3. **Melhorar:** Imaginar-se olhando a situação, dar um significado, rezar, relaxar, fazer uma coisa por vez, sair um pouco e animar-se.
4. **Vantagens-Desvantagens:** avaliar os prós e contras de tolerar o mal-estar.
5. **Meio sorriso:** a atitude que assume o seu corpo é transmitida pela sua mente.
6. **Aceitá-lo:** admitir certas coisas alivia o nosso sofrimento. Admiti-lo não significa que estejamos de acordo, mas nos permite deixar de lutar contra isso para fazer o que precisamos fazer para melhorar.

[13] N. do A.: Recomenda-se complementar estes conceitos em Linehan, M. (1993). Skills Training for Treating Borderline Personality Disorder. Nova York: The Guilford Press. Os mesmos originalmente foram trabalhados em pacientes adultos, ainda que haja grupos que começaram a utilizá-lo com adolescentes, como ele: Child & Adolescent Behavioral Health Services (CABHS). Incluem-se estas estratégias, já que muitos adolescentes com problemas de regulação emocional apresentam traços de personalidade similares às dos adultos com Transtorno Limite da Personalidade.

Para brincar com o seu terapeuta

Brincando de psicólogo.

Pode ser divertido que brinque de psicólogo. Para isso vamos pedir que:

1. Identifique os seus pensamentos negativos.
2. O seu terapeuta vai agir como se fosse você.
3. Agora trate de convencê-lo de que veja as coisas mais claramente (olhe que ele não vai facilitar para você).

Ajudando um amigo:

Faça de conta que o seu psicólogo é um amigo seu, com o qual acontece exatamente o mesmo que com você e por isso fica muito triste. Tente ajudá-lo com tudo o que você conseguir pensar. Se consegue que se sinta melhor, você está no caminho certo.

O diabinho e o anjinho:

Nos desenhos muitas vezes aparece acima do protagonista um diabinho que lhe diz coisas que o perturbam e, do outro lado, um anjinho que lhe diz o que lhe convêm.

Pense em alguma situação que te deixe mal e procure atuar no papel de diabinho e depois no de anjo. Olhe que ganhar do diabinho costuma ser difícil.

As marionetes:

Para alguns meninos é divertido brincar com marionetes. Pode buscar teatralizar as cenas com marionetes que defendam os pensamentos negativos e outros que os questionam.

Crenças problemáticas

A seguir você tem uma série de formas de pensar que são um tanto rígidas ou absolutas. Para muitos meninos pode ser útil para alcançar certas metas, mas quando não cumprem essas regras que são impostas sentem-se muito mal.

A ideia não é deixar de perseguir essas metas, mas saber tolerar quando as atingimos. Para isso pedimos que olhe se poderia pensar em algumas destas metas e ver se você pode flexibilizar um pouco.

Regras rígidas	Regras flexíveis
	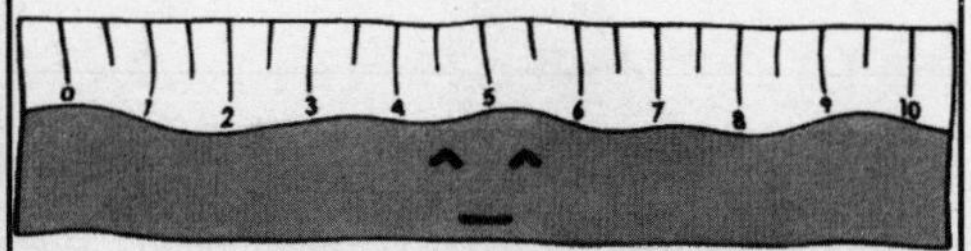
Tenho que fazer tudo perfeito	
Se ele/ela não me quiser, nada faz sentido	
Os outros são melhores que eu	
Tenho que me esforçar para que gostem de mim	
Eu não consigo resolver nada sozinho	
Se me criticam é porque o que fiz está errado	
Não posso mudar como eu me sinto, eu sou assim.	

HABILIDADES SOCIAIS

Fazer novas relações, e aprofundar as que já se tem, melhora seu estado de ânimo. Imagine que você está triste em um sábado a noite. Que bom seria poder telefonar a um amigo ou conhecer gente nova!

Existem habilidades de comunicação positiva. Para certas pessoas é fácil iniciar novas relações e para outras não é tão fácil. Em parte, a diferença se deve pela forma de comunicação que aprendemos[14].

Existem habilidades de comunicação positiva

Alguns as adquiriram compartilhando tempo e atividades com pessoas diversas (amigos, colegas do colégio, conhecidos etc.). Outros, por timidez ou mudanças que afetaram as suas vidas (mudanças, troca de escola etc.) não tiveram a oportunidade de desenvolvê-las. Também pode ocorrer de que não estejamos conscientes de que as temos e nos sentimos inseguros frente à falta de prática.

A boa notícia é que:

Estas ferramentas podem ser aprendidas e melhoradas

14 Outros fatores que interferem na nossa capacidade para estabelecer e aprofundar relações são nossos balões de pensamento negativos e catastróficos. Reveja os capítulos "Enfrentando medos, nervosismo e ansiedade" e "Estado de ânimo" para enfrentá-los.

Uma advertência: o uso destas ferramentas aumenta as suas probabilidades de melhorar as relações. Mas nem sempre depende de você. Os demais nem sempre estão dispostos a se conectar, e isso já não é seu problema.

Por que teríamos que ser aceitos por todo mundo?

Leve em conta que no início pode se sentir um pouco duro e inclusive envergonhado. A solução é a que sempre recomendamos para qualquer exercício:

Algumas Técnicas de Comunicação Positiva são:

- A. Gestos: Olhar nos olhos, sorrir, relaxar
- B. Dizer coisas positivas
- C. Escutar ativamente
- D. Fazer perguntas, interessar-se pelo outro

A.

Olhar nos olhos. Sorrir. Relaxar.

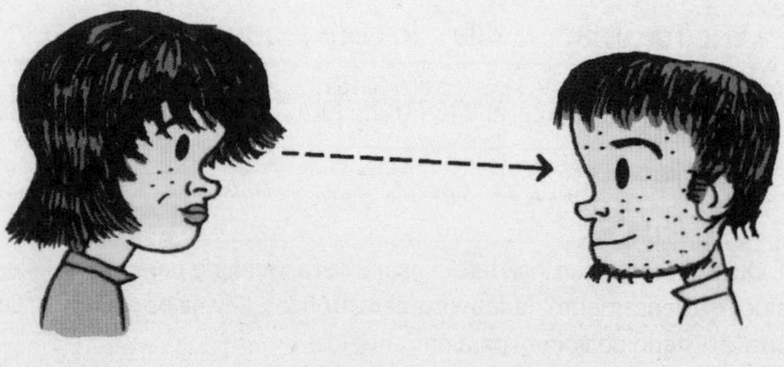

Quando conversa com alguém, é muito importante:

- o que você diz,
- a forma como você diz:
  1. os gestos e
  2. o tom.

1. Com os GESTOS também transmitimos mensagens, por exemplo com:

- A cara que fazemos.
- A posição do corpo.
- Para onde olhamos.
- O que fazemos com as mãos etc.

Quais gestos você costuma fazer?

....

Alguns gestos positivos podem ser:

- Olhar nos olhos.
- Sorrir relaxados.
- Demonstrar com o corpo que o escutamos com atenção etc.

Estes demonstram interesse e vontade de entrar em contato conosco. Se você o usa:

Como vai se sentir a pessoa com a qual estiver falando?

....

Você se imagina falando com alguém que franze a testa, fica sério e/ou evita o teu olhar? Como você se sentiria?

....

Importante:

- Os gestos costumam ocorrer de forma automática, quase sem perceber.
- Quanto mais treinar, melhor.
- Ensaiar com amigos íntimos, familiares e/ou com o seu terapeuta pode ser de grande ajuda.

2. O modo com que decidimos as coisas podem ser:

- Inseguro,
- Agressivo,
- Firme ou assertivo e isto influi em como nos respondem.

Modo inseguro

Dizemos o que pensamos ou queremos em voz baixa, sem insistir, ou apenas o insinuamos.

Modo agressivo

Falamos a primeira coisa que passa pela cabeça, sem pensar bem as coisas, gritando e, muitas vezes, insultando também.

Modo assertivo

Falamos o que queremos, conseguindo que nos escutem e respeitem, sem deixar de respeitar os demais.

Veja o que acontece quando aplicamos os diferentes modos.

Se o modo é:	**Agressivo**	**Inseguro**	**Firme ou assertivo**
Quem nos escuta pode sentir-se:	Atacado	Pouco comprometido	Comprometido
E pode responder:	Defendendo-se e nos atacando	Fazendo o que ele quer	Fazendo o que é solicitado

A seguir há alguns exemplos. Qual seria a resposta mais assertiva?

A Martina foi convidada a ir ao cinema e não sabe como dizer que não quer ir.

Resposta:..

As crianças não deixam que Diego brinque de esconde-esconde:

Resposta:..

Algumas chaves para saber quando ser assertivo

É tão importante para você?

É a pessoa adequada para pedi-lo?

É o momento para fazê-lo?

É justa a minha reclamação?

Minha emoção é adequada para tentá-lo?

Estou em condições de manter o que digo?

Fazer-se ser respeitado, respeitando

Para praticar:

Recomendamos que pense diferentes situações onde tenha tido dificuldades para expressar o que você queria e treinar respostas ou pedidos assertivos com o seu terapeuta ou outras pessoas que estiverem dispostas a lhe ajudar.

B.

Dizer coisas positivas (não criticar, só fazê-lo se for de forma construtiva)

Quando se sentem presos, os seres humanos costumam ficar na defensiva e cortamos a comunicação. Por isso, ainda que seja bem intensionada, a crítica não é a melhor forma de iniciar uma amizade ou de aprofundar uma relação com a qual não temos confiança demais.

Recomenda-se destacar na conversação os aspectos positivos de:

- As pessoas com as quais interagimos.
- As suas atividades e interesses.

Quando criticamos, é conveniente fazê-lo:

- Depois de ter destacado algum aspecto positivo e;
- De forma construtiva, ou seja, sugerindo como pode melhorar.

Alguns exemplos:

- "Gostei de como você marcou o Cristian, mas seria bom que a passasse mais perto da área"
- "A letra da música está muito boa, mas talvez um refrão mais simples desse mais força".
- "A sua camiseta está ótima, mas não ficaria bem uma camisa mais leve neste calor?

C.

Escutar ativamente

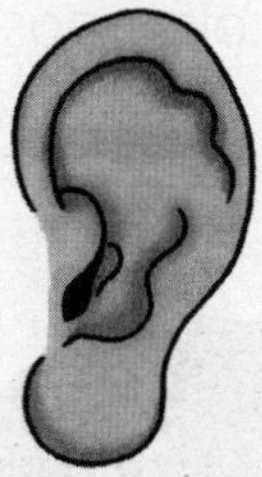

Quer falar demonstrando ao outro que o nosso interesse pelo que diz é total.

Para conseguir isso é importante:

- Responder somente quando o outro faz uma pausa.
- Refletir o que achamos que a pessoa sente: "Isso deve ter te deixado muito bravo", "Você quis morrer", "Que alegria!".
- Repetir o que falou: falar com as nossas próprias palavras a questão central do que o outro está contando: "Te deixou bravo que Matias tenha saído com os amigos", "Te incomodou que os meninos não tenham te incluído na equipe".

- Quando a pessoa com a qual falamos sente que a escutamos, também se sente aceita.
- Aquele que se sente aceito provavelmente aceitará você também.

D.

Fazer perguntas, interessar-se pelo outro

As melhores conversas são aquelas nas quais o tempo que falam as pessoas é dividido igualmente. Para ajudar o outro a acompanhar a conversa é bom fazer perguntas, como um jornalista, que transmitam o seu interesse pela vida da pessoa com a qual você conversa.

Costuma ser adequado:

- Perguntar primeiro sobre temas gerais para ir passando, aos poucos, a assuntos mais pessoais.

Sempre verificar se o outro está confortável: se nos responde relaxado, dando respostas mais ou menos longas, desenvolvendo os temas. Vá em frente!

- Se fica inquieto e nos dá "respostas de passagem" ou muda de tema, atenção! Voltemos aos temas mais gerais e menos comprometidos.

À medida que você for perguntando, é quase certo que sairão alguns lugares, atividades, interesses e/ou conhecidos em comum. Aí pode contar sobre as suas coisas, no início dando mais espaço àquelas que tem em comum com a pessoa com a qual conversa. A medida que surgirem mais coisas em comum... muito bom! A conversa ficará mais fluida e natural.

O mais complicado costuma ser o início. No quadro a seguir damos algumas sugestões.

Coisas que posso perguntar para conhecer alguém

Perguntas principais	Perguntas que se despendem das principais
Qual seu nome?	
Quantos anos você tem?	
Onde você mora?	Você mora com seus pais? Onde fica isso?
Onde você estuda?	Você gosta de estudar? Sempre estudou lá? É legal?
Conhece o...?	De onde? São amigos? E conhece também o..?
Joga futebol, basquete etc?	Onde você joga? Jogou no fim de semana? Como foi a partida?
O que você faz nos fins de semana? Gosta de sair? Ir ao cinema?	Onde você gosta de ir? É legal? Vai muita gente? Que tipo de filme você gosta?
Que tipo de música você curte? Que outras coisas você gosta?	Conhece essa banda, do mesmo estilo? Alguma vez já foi...?
Você gosta de chat? Jogos de computador?	Em que nível você já chegou? Quando você loga?

Lembre-se das regras de ouro:

- Uma boa conversação é 50 / 50. Faça perguntas, tenha interesse para que o outro também interaja.
- A forma como você diz as coisas é tão importante quanto o que diz. Tenha cuidado com os seus gestos, relaxe, sorria e olhe nos olhos.
- Escute ativamente, destaque o positivo e evite criticar.
- Quem se sentir aceito provavelmente o aceitará.

Pautas para pais com crianças deprimidas

Modele atitudes positivas.

Promova a realização de atividades agradáveis.

Escute-o empáticamente.

Antes de lhe dar uma bronca, pergunte por que faz aquilo que o incomoda.

Reforce as suas atitudes positivas.

Fomente atividades sociais.

Combata o pessimismo, não o seu filho.

Valorize os seus pequenos sucessos, não esteja dependente somente do resultado.

Faça um modelo de como resolver problemas.

Elogie o que deseja fomentar, em vez de criticar o que deseja corrigir.

CAPÍTULO 11

PROBLEMAS DE COMPORTAMENTO

O controle da braveza

Talvez tenha percebido que ultimamente você esteja **brigando muito** com os seus colegas do colégio, com os professores, com os seus pais, com os seus irmãos, com amigos. Se estas discussões se repetem frequentemente e com diferentes pessoas, seria bom que olhasse se a sua braveza sai do controle e se transforma em fúria.

A braveza, para os seres humanos, serve muito: é como um **alarme** que, quando funciona bem, nos avisa que estamos vivendo situações injustas, que as nossas necessidades não são levadas em conta, que deveríamos fazer algo para lutar (de formas apropriadas, firmes, mas não agressivas) por aquilo que precisamos e pensamos que é justo e correto.

A ideia é que, quando você estiver bravo com alguém, entenda que o melhor é **resolver o problema, pedir mudanças ou fazer acordos** com essa pessoa.

Descarregar, vingar-se, descontrolar-se, poderia fazer com que obtenha um **alívio momentâneo**, mas, com o tempo, vai gerar mais raiva dessa pessoa, já que ela também pode reagir e piorar a situação.

Quando o alarme da braveza funciona mal, costuma ativar-se frequentemente e com intensidade grande demais, dificultando ver as coisas com clareza e, em certas ocasiões, fazendo-nos reagir demais.

- Algumas pessoas acreditam que a raiva é algo que deve ser descarregado, e então parece uma boa ideia para elas explodir.
- Na verdade, a raiva é uma bomba que deve ser desativada.
- Porque quando explode, todo mundo se machuca.

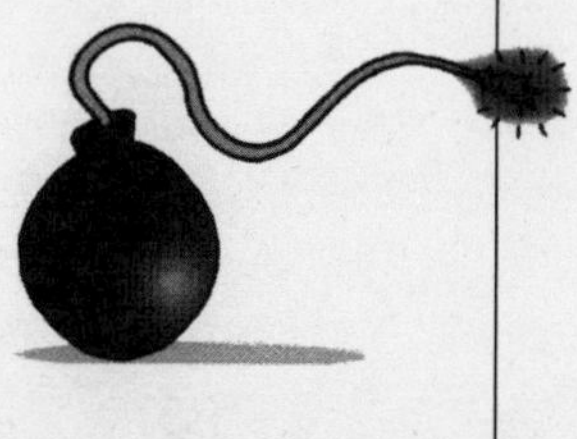

O vulcão

Alguns meninos sentem que estão ficando cada vez mais bravos, até explodir como um vulcão, e, geralmente, depois se arrependem.

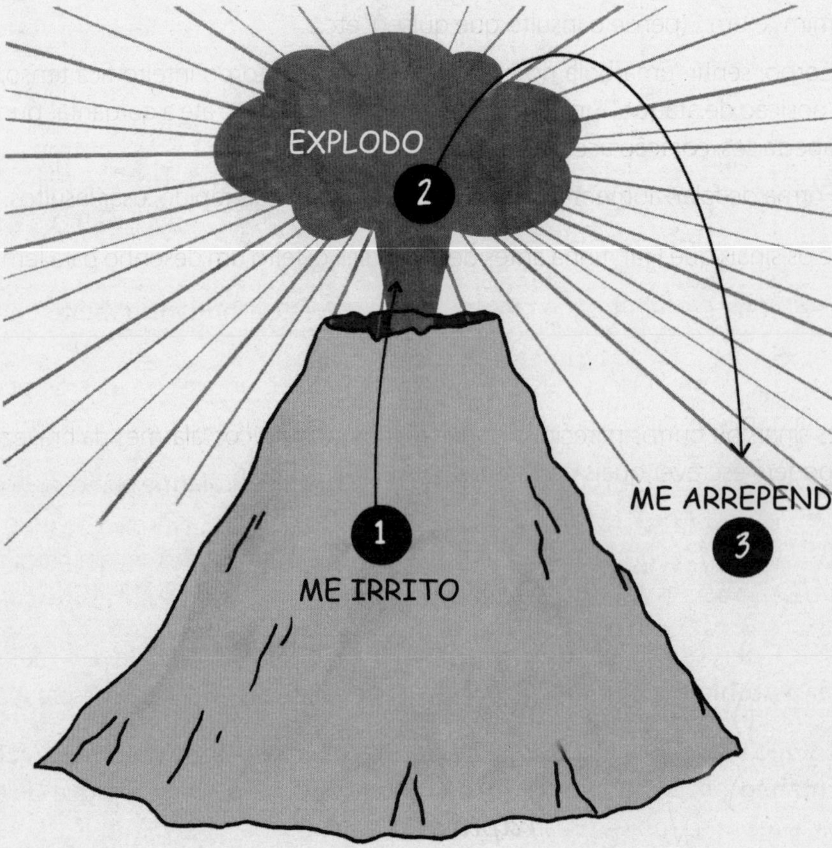

Teria interesse em poder vencer a bomba ou o vulcão?

A seguir mostramos como.

Sinais de Alarme

Quando a bomba ou o vulcão estão para explodir há **sinais de alarme:**

- Pensamentos: "mataria ele", "vou bater nele", "odeio ele", "tira sarro de mim", "ri de mim", é um... (pense o insulto que quiser)" etc.
- Corpo: sentir "uma bola no estômago", ou que o corpo inteiro fica tenso, em "posição de ataque", "uma coisa que sobe do estômago até a garganta", punhos apertados, coração acelerado, inquietação etc.
- Forma de falar: aumentar o volume da voz, falar mais rápido, usar insultos.

Olhe os sinais que Fran tinha antes de explodir. Foi feito um desenho para lembrar bem:

Estes sinais ou outros parecidos podem ser os seus típicos "alarmes da braveza". A seguir poderá escrever quais você tem quando vai explodir.

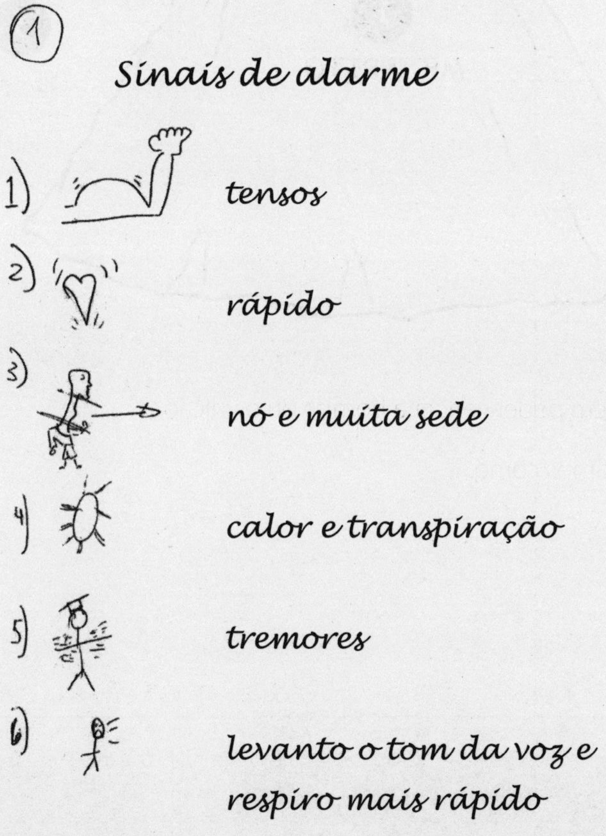

<table>
<tr><td colspan="2">Sinais de alarme </td></tr>
<tr><td>pensamentos</td><td></td></tr>
<tr><td>corpo</td><td></td></tr>
<tr><td>jeito de falar</td><td></td></tr>
</table>

O termômetro da braveza

Propomos que em diferentes situações aprenda a medir a temperatura da sua "braveza". Quando sentir raiva, pense de um a dez quão "bravo" está.

10. Explodi
9. Descontrolado
8. Furioso
7. Muito irritado
6. Irritado
5. Incomodado
4. Um pouco mal-morado
3. Inquieto
2. Ainda tranquilo
1. Totalmente em paz

Veja que no desenho as diferentes "temperaturas" coincidem com as diferentes expressões:

- De 0 a 3: está tranquilo. Nestes casos, o seu alarme da braveza indica que se há um problema, este não tem importância demais e pode deixar para lá. Nem todos os desacordos são muito importantes.

- De 4 a 6: há uma situação incômoda. Está bravo, mas sob controle. É uma "temperatura adequada" para discutir as coisas. Pode falar o que lhe incomoda de forma firme, mas não agressiva.

  Também pode escutar os motivos e as propostas que a outra pessoa faz.

- De 7 a 10: os seus alarmes podem estar soando tão forte que impedem que pense e atue de forma controlada. O que você sente é fúria e, nesses momentos, não está preparado para entrar em um acordo com a outra pessoa e solucionar o problema.

Técnicas do buda

Propomos que use estas estratégias para diminuir a intensidade da sua braveza e somente depois, quando estiver em 4-5-6, tente resolver o problema.

Ficha: termômetro da braveza

- Use o termômetro abaixo, preenchendo as linhas em branco com as suas próprias descobertas.
- Pensou em outras técnicas que sirvam para dimunir a braveza de 10 para 5?

Sensações, pensamentos, comportamentos quando estou em 10

Estratégias para diminuir a temperatura

Lembre-se:

A braveza nos impulsiona a solucionar problemas com as pessoas. Entretanto, a fúria descontrolada pode nos levar a quebrar ou arruinar as nossas relações.

O semáforo dos problemas[1]

Você já aprendeu a reconhecer o seu grau de braveza e estratégias para controlar a sua "temperatura emocional".

Agora você pode treinar em outra habilidade importante ao enfrentar conflitos:

Parar e pensar em várias alternativas antes de atuar

Quantas mais alternativas pensar para solucionar um problema, mais chances tem de obter bons resultados.

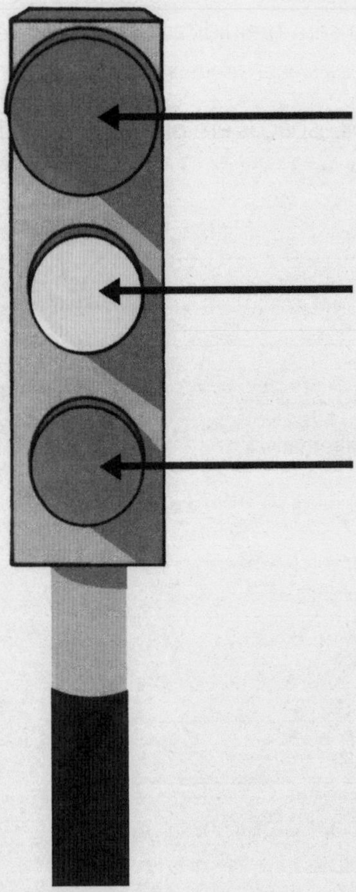

Paro

Respiro, ...

dou uma volta ....

....

Penso 3 alternativas

Não dou importância, ...

discuto depois ....

....

Ajo

Dou uma volta ....

retomo a discussão mais tranquilo ....

....

[1] Adaptado de: Kendall, P. & Braswell, L. (1993). Cognitive Beahavioral Therapy for Impulsive Children. Nova York: The Guilford Press.

Passos do semáforo

Propomos que imagine que tem um semáforo na sua mente.

1. **Luz vermelha:** Pare um instante e respire duas vezes.
2. **Luz amarela:** Pense três formas diferentes de solucionar o conflito, quer sejam boas ou más. Por exemplo:
   - Mando a minha mãe ao inferno e bato a porta.
   - Aguento calado e aceito o que diz.
   - Tento regular a minha boca e peço, com modos, que me deixe chegar mais tarde.
3. **Luz verde:** Escolhi a alternativa mais adequada. O objetivo é: que lhe entendam, que considerem o que você precisa sem prejuidicar a relação. Fazê-la e fixar os resultados.

Pode usar o semáforo abaixo e preencher os espaços em branco depois de ter enfrentado situações complicadas?

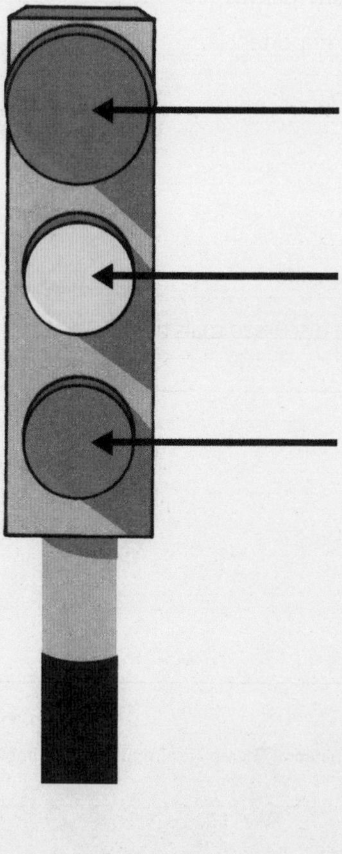

Paro

....

....

....

Penso 3 alternativas

....

....

....

Ajo

....

....

....

Outro esquema que se pode usar é o seguinte:

Parar, pensar e agir

PARE

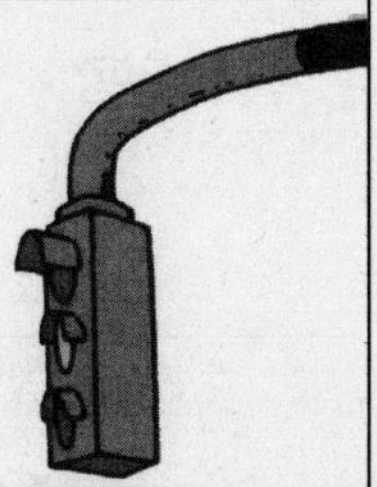

Estão me dando uma bronca.

Estou bravo, nervoso, histérico.

Meu corpo está tenso.

PENSE

1. Não vou responder porque senão vão brigar ainda mais comigo.
2. Tenho que me controlar e não reagir.
3. Vou ignorar.

AJA

O insultei, não me controlo.

RESULTADOS

Brigaram comigo e me castigaram.

Tente agora com os seus problemas

Ficha: semáforo

PARE

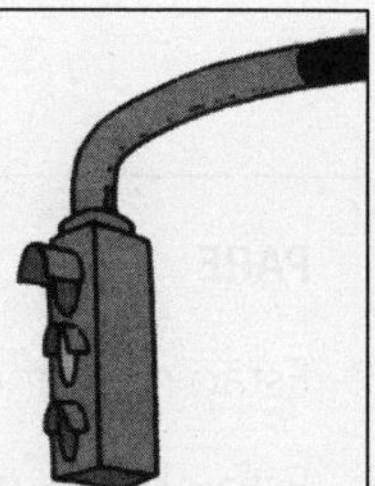

PENSE

a) Alternativas

1.

2.

3.

b) Que pode acontecer de bom ou mau se eu fizer?

Bom: ....

Mau: ....

AJA

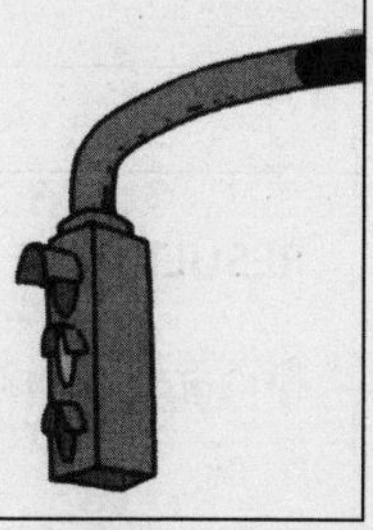

RESULTADOS

Lembre-se:

Controlar a raiva ajuda a ter ideias claras.

Estas estratégias aumentam as probabilidades de obter bons resultados (mas não os asseguram).

Entrar em um acordo ou em uma discussão depende de fatores que nem sempre estão sob o seu controle.

Às vezes não vai chegar ao acordo ideal ou à solução que se espera.

Em outras, deverá se conformar com a melhor solução possível para os que estão participando de uma discussão ou A MENOS RUIM!

Vantagens e desvantagens

Quando imaginar a "luz amarela de atenção", pense nas vantagens e desvantagens de resolver o problema de uma determinada forma.

Veja este exemplo:

Quando me irritam, o que eu posso fazer?	Vantagens	Desvantagens
Dar uns socos neles	Machuco eles	Eu fico de castigo
Contar para a professora	Eles ficam de castigo	Vão me chamar de dedo-duro
Ficar quieto	Nenhuma	Vão continuar me irritando
Eu irrito eles	Nenhuma	Batem em mim
Ignorar eles	Pode ser que se cansem	Tenho que ter muita paciência
Taekwondo verbal. Técnica de "e daí?"	Se cansam	Nenhuma

Pode usar o semáforo, pode analisar as vantagens e desvantagens antes de agir, mas a ideia é sempre a mesma:

> Dominar a braveza antes que ela domine você!

Na página seguinte há uma ficha para que você mesmo preencha.

Ficha: vantagens e desvantagens

Que posso fazer?	Vantagens	Desvantagens

Investigando os pensamentos que mantêm a braveza

A forma como pensamos e explicamos as situações podem aumentar a nossa braveza e fazer com que a raiva com relação a uma pessoa, grupo ou situação se mantenha eternamente. Nestes casos, olhamos os nossos conflitos por meio desses óculos espelhados que fazem com que todos os erros ou coisas ruins estejam na pessoa com a qual brigamos.

Para que o entenda melhor, leia esta lista com algumas crenças que costumam ter as pessoas que tendem a ficar bravas. Na coluna da direita acrescentamos crenças mais razoáveis.

Crenças típicas[2]

Crenças problemáticas	Crenças mais razoáveis
Injustiça	
As regras do meu pai são injustas e arruinam minha vida. Ele não me entende.	Não gosto das regras dele e elas são injustas as vezes, mas isso acontece com todo mundo e eles se ajustam bem a isso.
Horários: Por que eu tenho que voltar pra casa mais cedo que meus amigos? Vão pensar que eu sou frouxo.	Não me importa o que meus amigos pensam, porque quem dita as regras são meus pais, não eu. Posso voltar mais tarde, mas a probabilidade é que depois não me deixem sair.
Tarefas: Por que eu tenho que fazer tudo? Meu irmão não faz nada, isso é injusto!	Porque meu irmão faz outras coisas sem que eu me dê conta.
Escola: A professora sempre me segura depois da aula e me deixa fazendo tarefa extra. Nunca podem me facilitar a vida.	Todos têm que estudar, não só eu. Se eu entregar as coisas no prazo, logo terei menos trabalho. Se pedem pra mim é porque normalmente eu não faço.
Autonomia	
Têm que me deixar fazer tudo o que eu quero, não podem mandar em mim. Eu sou grande o suficiente para não precisarem mais me dizer o que fazer.	Não posso fazer tudo o que quero, porque dependo dos meus pais para muita coisa. Nem eles são livres para fazer tudo o que quiserem. Até posso brigar com eles, mas posso sair perdendo.
Tarefas: não preciso que me lembrem delas, posso fazer por conta própria.	Às vezes atrasa e me incomoda um pouco, mas às vezes eu esqueço porque tenho que estudar.

[2] Adaptado de Barkley, R., Edwards, G. & Robin, A. (1994). Defiant Teens. Nova York: The Guilford Press.

Crenças problemáticas	Crenças mais razoáveis
Apreço	
Se me dão o que eu peço e me deixam fazer o que eu quiser é porque gostam mesmo de mim.	O apreço não se mede só com objetos ou com o que me deixam fazer. Muitas vezes não dão essas coisas porque pensam que cuidam melhor de mim assim.
Roupas: Se realmente gostam de mim vão me deixar comprar essas calças.	Me incomoda que não comprem calças pra mim, ou não me deixem ir ao show, mas isso não significa que não me amem.
Show: Se realmente me amam teriam que me deixar ir ao show.	
Aceitação	
Todos deveriam me aceitar e querer estar comigo. Se não me aceitam é porque estão bravos comigo, com inveja, são bobos etc.	Não é possivel agradar todo mundo. Terei que aceitar que algumas pessoas não gostam de mim. Eles têm seu direito.
Má intenção	
Fez de propósito para me incomodar ou me irritar.	Em geral as pessoas não fazem muita coisa por mal. Muitas vezes elas erram, outras não percebem que algo pode nos incomodar. De todos os modos, deve ser melhor averiguar antes de agir, já que não tenho como adivinhar o que o outro pensa.
Culpar o outro	
"Ele/Ela tem culpa de tudo"	A maior parte das vezes, as brigas começam por causa de todos. Talvez ele estivesse mal, mas eu também posso ter me equivocado.

A seguir mostramos historinhas que exemplificam estas crenças:

Por que o menino jogou a bola na árvore?

....

Acha que os outros meninos tinham a obrigação de convidá-lo para brincar?

....

....

Qual é a sua crença em relação a esse menino?

....

Qual seria um pensamento mais razoável neste caso?

....

....

Qual é a opinião que você tem deste menino?

....

Qual seria um pensamento mais razoável neste caso?

....

....

O que poderia fazer o peixinho para não ficar tão mal?

....

Você pode preencher a sequência?

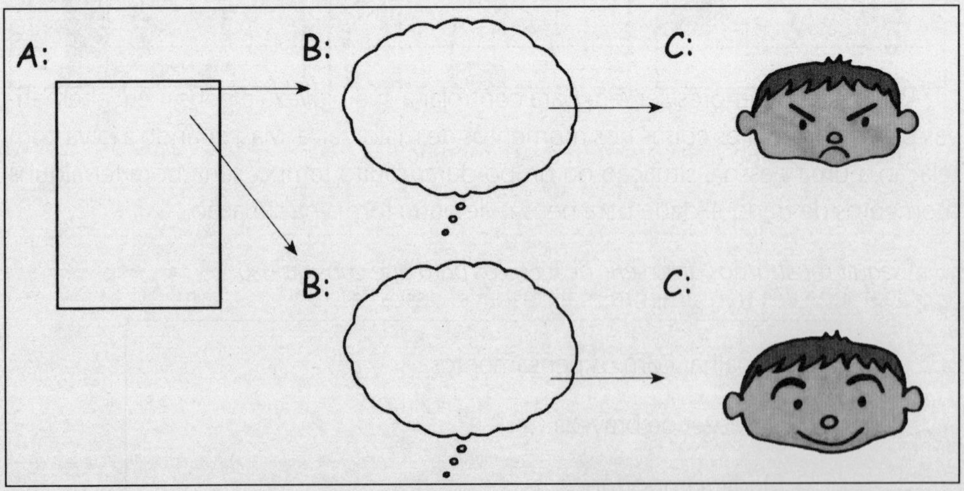

A seguir acrescentamos um espaço em branco para que desenhe a sua própria historinha, com uma situação na qual você mesmo tenha ficado bravo:

Qual foi a sua crença?

....

Qual teria sido uma crença mais razoável?

....

As técnicas anteriores servem para controlar a sua braveza e pensar em alternativas para solucionar as coisas nos momentos de maior raiva. Mas, quando a raiva com relação a uma pessoa, situação ou grupo durar muito tempo, seria bom ter alguns momentos de tranquilidade para pensar de outra forma na situação.

A seguir mostramos uma série de técnicas para que consiga isso:

1. Trabalhar com os pensamentos.
2. O freezer da braveza.
3. Medir a importância.

1. Trabalhar com os pensamentos

Preencha os balões da face brava com os pensamentos que você tem quando está nesse estado de ânimo, faça a você mesmo as perguntas que constam no quadro central e, se depois disso, pensar em alguma forma alternativa de pensar na situação, preencha o balão da face tranquila.

- Como eu sei que as intenções de X são más, que ele está no meu pé ou que faz as coisas de propósito? Posso ler a mente dele?
- Sempre age da forma que me incomoda ou as vezes faz de outra maneira?
- Ele tinha que ter feito o que eu falei ou queria? É uma lei?
- Será que eu posso ter feito algo também para que as coisas estejam ruins?

Como você se sente agora? A sua raiva diminuiu um pouco? Talvez agora você possa solucionar as coisas, com a mente mais clara e sem óculos espelhados!

2. O Freezer da braveza

Quando ficamos bravos costumamos ter pensamentos que somente conseguem nos deixar mais furiosos. Nessas ocasiões, pode ser útil que você diga a si mesmo algumas frases ou palavras que o "esfriem um pouco".

Exemplos:

Faça seu próprio freezer com frases que te tranquilizem:

Para que você treine:

Pode treinar com o seu terapeuta enquanto ele "brinca de fazer você ficar bravo". Aproveite para ver se serve.

3. Medir a importância

Saber medir a importância do que nos deixa bravos nos permite ver as coisas com perspectiva.

Veja este exemplo:

Martín pensava que era gravíssimo (9 pontos) que a irmã tivesse pego o seu estojo. Depois pensou na vez em que mais tinha ficado bravo (10 pontos) e depois na vez que menos tinha ficado bravo (0 pontos). Comparou isso com o que a irmã tinha feito a ele e percebeu que não era tão importante; ainda que continuasse bravo, conseguiu resolvê-lo melhor que de costume.

Para que você o faça, siga estes passos:

1. Pense de 1 a 10 qual é a importância que você dá.
2. Pense o que foi que mais fez com que ficasse bravo na vida. Isso representa um 10 em importância.
3. Pense qual foi o momento em que ficou mais tranquilo na sua vida. Isso representa um 0 em importância.
4. Levando em conta esses dois fatos, qual é a importância que você dá ao que tem agora?

Formas de dizer as coisas para que os outros entendam

Uma vez que a sua braveza esteja controlada, seria bom falar com a pessoa com a qual tem o problema. O melhor é fazê-lo sozinho, em um momento e local tranquilo. Também é importante ter cuidado em como você diz as coisas. Se você fala de maneira agressiva, o outro pode se colocar na defensiva e não entender o seu ponto de vista.

Por isso recomendamos:

Evite

- **Acusar** o outro de ser de uma determinada forma negativa "você é um..."
- **Culpar o outro pelas suas reações:** "Viu o que você conseguiu?! Me fez gritar com você!"
- **Fazer uma lista de "contas pendentes" e jogar na cara:** "Um mês atrás quando você foi no cinema com as crianças e não me chamou. Depois você saiu para uma festa e não me avisou, depois...". O passado não pode ser modificado.

Tente

- Falar do que te incomoda **aqui e agora**.
- Falar em **primeira pessoa**: "eu…", "para mim…".
- Expressar **primeiro os sentimentos** que te produzem uma determinada ação do outro "eu sinto que", "me incomoda que", "me deixa mal que..."
- **Definir** em comportamentos e ações concretas o que te incomoda e/ou que você precisa: "me incomoda que você tire sarro de mim", "me deixa triste que você ligue pouco por telefone para mim", "me deixa bravo que você não me escute quando falo contigo".
- Proponha comportamentos **alternativos** que poderiam melhorar a situação: "seria bom que as piadas fossem sobre outras coisas, não sobre o meu físico".

Lembre-se

- **Você não vai ser falso** por falar as coisas desse jeito.
- Vai dizer o que pensa, mas **cuidado com a maneira**.
- A solução dos conflitos nem sempre está sob o **seu controle**. Estas estratégias não garantem resultados, mas **aumentam a probabilidade** de resolver os problemas com as pessoas com quem você se importa.
- **Cuidar de quem você gosta** ajuda você a se sentir melhor e mais próximo dos outros, o esforço vale a pena.

Você quer ver os progressos na sua batalha contra a braveza?

Pode preencher dia a dia este registro.

Registro de sensações de braveza						
Segunda-feira	Terça-feira	Quarta-feira	Quinta-feira	Sexta-feira	Sábado	Domingo

CAPÍTULO 12

SÉTIMA PARTE

ORIENTAÇÃO A PAIS DE CRIANÇAS DESAFIADORAS[1]

[1] N. do A.: Para utilizar com pais de crianças de até 12 anos. Extraído e adaptado de Barkley, R. (1997). Niños desafiantes. Nova York: The Guilford Press.

Introdução ao Programa de treinamento para pais

Para quem é dirigido

Numerosos pais consultam devido a que os seus filhos apresentam desobediência, condutas desafiadoras, oposionistas, surtos de raiva e comportamento hostil. Algumas destas crianças recebem diagnósticos clínicos como Transtorno oposicionista desafiador, Transtornos por déficit de atenção com ou sem hiperatividade, ou transtornos de comportamento.

Entre as intervenções psicossociais que contam com um maior apoio empírico encontra-se o programa de treinamento a pais desenvolvido por Rusell Barkley[2].

Originalmente pensado para ser implementado em formato grupal, também pode ser utilizado de forma individual. É dirigido a pais de crianças desafiadoras de 2 a 12 anos de idade.

É conveniente a participação de ambos os pais. Não obstante, frequentemente são as mães as que mais se encontram sobrecarregadas e, portanto, as que mais comparecem. Isto não significa que os pais permaneçam ausentes, mas que podem participar aplicando as estratégias no lar.

Objetivos

Os objetivos incluem melhorar a competência e habilidades parentais para lidar com os problemas do comportamento infantil, aumentar o conhecimento parental sobre as causas do comportamento infantil inadequado, os princípios que subjazem o aprendizado social deste comportamento e melhorar a aceitação pela criança das ordens e regras dadas pelos pais.

Formato

Trata-se de 10 sessões estruturadas que consistem na apresentação didática de material por meio de folhetos e questionários, mediante técnicas como a modelagem, dramatizações, intervenções cognitivas etc.

Expõem-se conteúdos que incluem o desenvolvimento da compreensão das causas do comportamento das crianças, a prática de atenção positiva, tempo especial, incremento da obediência e brincadeira independente, implementação de sistema de fichas e pontos, tempo fora (time out), manejo e antecipação de comportamentos em locais públicos, cartões de relatório diário do comportamento escolar e manejo de futuros problemas.

---

[2] Barkley, R. A., & Benton, C. M. (2000). Hijos Desafiantes y Rebeldes. Barcelona: Ediciones Paidós Ibérica.

Ainda que as sessões difiram no seu conteúdo, todas têm uma estrutura similar; uma primeira parte na qual os pais descrevem como foi a implementação das técnicas durante a semana, o que teve bons resultados e quais foram as dificuldades que encontraram. Depois, o terapeuta fornece um *feedback*, validando e reforçando o que conseguiram, modelando e fazendo sugestões para superar as dificuldades.

Por último, apresentam-se as técnicas que deverão ser implementadas durante a próxima semana e deixam-se alguns minutos para que os pais esclareçam qualquer dúvida que possam ter.

Ainda que a palavra "treinamento" costume ser resistida no nosso meio, acreditamos que se ajusta perfeitamente ao papel que cabe ao terapeuta no trabalho com pais, similar ao de um diretor técnico. Faz sugestões, fornece estratégias e modela o modo de implementá-las, mas "os que suam a camiseta no campo de jogo" são os pais.

Duração

O programa, na sua versão original, recomenda a implementação na ordem dada das primeiras oito sessões com frequência semanal. Na nona, depois de duas semanas, já que se refere a cartões de relatório diário escolar, requer que antes de voltar à sessão seguinte os pais contêm com alguns cartões preenchidos pelos professores. Por último, pauta-se uma sessão de reforço, que se recomenda implementar depois de um mês.

Material incluso e modo de uso

A seguir inclui-se um item com intervenções baseadas no programa de Barkley, algumas delas resumidas ou alteradas com agregados provenientes da experiência clínica dos autores.

As mesmas podem ser xerocadas e utilizadas na forma de folhetos para pais. Também podem ser utilizadas como guia para que os terapeutas utilizem as suas próprias intervenções adaptadas às necessidades de cada paciente. Ainda que o formato que tem demonstrado ser eficaz nos estudos clínicos controlados seja o formato grupal realizado ao pé da letra durante as 10 entrevistas, acreditamos que em alguns casos pode ser que não seja necessário implementar todas as sessões. Inversamente, pode ser que, devido à sua complexidade, algumas técnicas requeiram ser revistas em mais de uma sessão, até que os pais consigam implementá-la de modo adequado.

Um exemplo disso, muitas vezes visto na clínica, é o tempo especial de brincadeira. Há pais que, apesar dos conflitos que estes transtornos ocasionam, têm a aptidão para dedicar esse espaço de intercâmbio criativo, livre de crítica aos seus filhos. Em outros casos, a criança apresenta problemas de comportamento no lar, mas não tem dificuldades na escola, pelo qual talvez não seja necessária a implementação dos cartões de relatório diário escolar.

Igual ao restante das técnicas, será o critério clínico do terapeuta que determinará o modo de instrumentalizar as intervenções, adaptando-as às características de cada consulta.

Esclarecimento:

Ao longo do item se fará referência exclusivamente a "filho", no masculino. Isto deve-se a uma questão prática, talvez influenciada pela maior quantidade de meninos que motivam este tipo de consulta na nossa experiência clínica.

PASSO 1

Por que as crianças se comportam inadequadamente?

Antes de alterar os comportamentos de uma criança, é importante compreender os fatores causais dos problemas de comportamento. R. Barckley (2000) sugere que não é possível identificar uma causa única para o comportamento de uma criança. São múltiplos os fatores causais que intervêm:

- as características da criança,
- os estressores ambientais,
- as características dos pais e
- as consequências situacionais.

As consequências situacionais são um fator que ganha especial relevância, já que estará implicado na maioria das intervenções realizadas pelos pais para produzir as alterações que desejarem obter no comportamento da criança.

Ainda que em muitos casos seja difícil compreender por que uma criança incorre em um comportamento determinado, é importante ter claro que o mesma não ocorre à toa, mas que é determinado, em grande medida, pelas consequências obtidas pela criança.

Compreenda as chaves do comportamento:

1. O comportamento é determinado, pelo menos em parte, pelas suas consequências.
2. As crianças e adolescentes entendem melhor as consequências que as razões.
3. As consequências apresentam precedentes para futuros comportamentos.
4. Que um comportamento se repita ou extinga, depende, em grande parte, das suas consequências.
5. As crianças e adolescentes tendem a valorizar as consequências de uma forma mais concreta que os adultos.
6. Priorizam os efeitos a curto prazo mais que a longo prazo.

Exemplos das chaves do comportamento

1. O carinho, a sensação de felicidade, uma carícia, uma felicitação etc., são consequências que influem em como nos comportaremos no futuro.
2. O seu filho compreenderá melhor:

   a. a consequência: "Quando acabar de estudar deixo você sair",

   b. que os motivos: "você será uma pessoa melhor e, quando você for grande, vai estar mais capacitado para trabalhar".
3. Se fazendo birra consegue evitar as tarefas, no dia seguinte lembrará a estratégia.
4. Que repita a birra ou estude dependerá em parte do resultado que tiver.
5. Poder brincar no computador, um brinquedo ou uma bala podem ser mais importantes para a criança que realizar uma ação autruísta.
6. As crianças tendem a preferir uma bala hoje, do que cem no final do mês.

Conceitos úteis para compreender o comportamento:

Reforço:

Toda resposta a uma ação.

Reforço positivo:

Uma consequência desejada que vem imediatamente depois de um comportamento, que aumenta a probabilidade de que a mesma volte a se repetir.

Extinção:

Todo comportamento que não produz nenhuma consequência negativa nem positiva tende a diminuir com o tempo.

Reforço negativo:

É a suspensão de uma situação negativa preexistente ou a evitação de uma consequência indesejada. Trata-se de algo que se deseja evitar.

Podem ser reforçados negativamente os comportamentos problemáticos ou comportamentos adaptativos, como, por exemplo:

- Fazer birra e evitar tomar banho (ainda que seja por um tempinho),
- Se comportar bem e evitar o castigo.

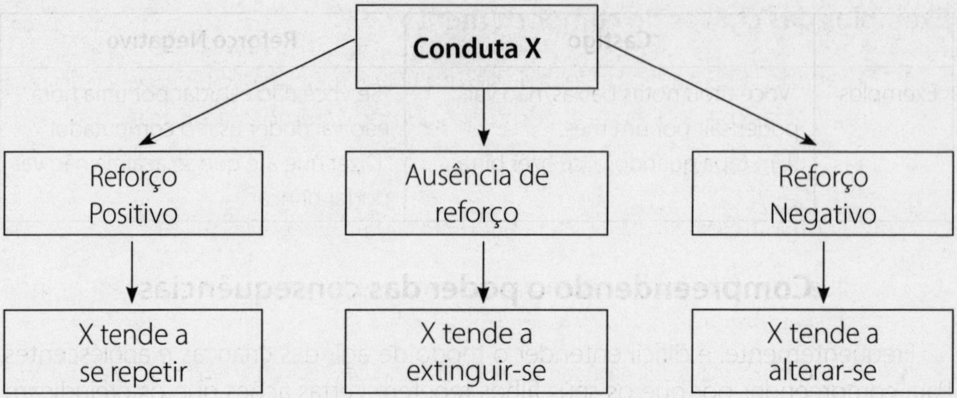

Reforço Negativo vs. Castigo

O trabalho com os princípios do comportamento costuma ser confundido com os prêmios e os castigos. Ainda que os prêmios possam ser assimilados aos reforços, os castigos não são utilizados nestes programas. No lugar do castigo, utiliza-se o reforço negativo, o qual tem importantes diferenças.

O Castigo consiste em qualquer consequência aversiva propiciada pelos pais depois de um comportamento avaliado como negativo. Lamentavelmente, constitui uma das estratégias utilizadas mais frequentemente no aprendizado. Entretanto, o seu uso reiterado costuma deteriorizar o vínculo entre a criança e a figura de autoridade, além de não favorecer o aprendizado de novos repertórios positivos. Inclusive, costuma gerar falta de motivação. Muitos pais mencionam ter testado tudo, desde castigos, como tirar a tv, computador, brinquedos eletrônicos e, finalmente, falam "Não sei o que tirar mais, é como se tudo desse na mesma". O castigo pode colocar um fim, temporariamente, e não imediato, em um comportamento problemático (por isso é tão utilizado). Pode servir para aprender o que não fazer, mas isso não implica que favoreça o aprendizado de comportamentos positivos.

	Castigo	Reforço Negativo
Definição	Qualquer consequência aversiva designada por um dos pais após um comportamento avaliado como negativo. Faça o que faça, não pode ser modificada. Caráter de "vingança".	Uma consequência que a pessoa quer evitar. Modificando a conduta, a consequência não desejada desaparece. Caráter de aprendizagem.

	Castigo	Reforço Negativo
Exemplos	"Você tirou notas baixas, não vai poder sair por um mês." "Um tapa quando você fizer birra"	"Se você não estudar por uma hora, não vai poder usar o computador" "Dizer que até que se acalme não vai poder brincar"

Compreendendo o poder das consequências

Frequentemente, é difícil entender o modo de agir das crianças e adolescentes. Para compreender por que os seus filhos repetem certas ações que os prejudicam, pode ser útil entender o poder das consequências ou reforços.

O poder das consequências

1. Consequências positivas por comportamentos positivos aumentam a sua frequência.
2. Todo comportamento que não tem consequências tende a extinguir-se.
3. Consequências negativas por comportamentos negativos diminuem a sua frequência.

As consequências positivas costumam ser mais eficazes para a mudança que as negativas!

Exemplos do poder das consequências:

1. Se por estudar teve o privilégio de ver o seu programa preferido, é provável que queira estudar novamente.
2. Se frente a um "choro caprichoso" a mãe não responde, com o tempo deixará de chorar.
3. Se enquanto faz birra é privado de ver o seu programa preferido, é possível que deixe de fazê-la.

É mais provável que queira estudar se for incentivado com benefícios do que se o ameaçamos com castigos.

Por que persistem certos comportamentos indesejados?

Todo comportamento pode ser reforçado, inclusive aqueles que podem ser prejudiciais para as crianças, sem que estejamos conscientes disso.

Vejamos alguns exemplos:

I. Reforço positivo de comportamentos problema:

Mônica é a mãe de Matias, uma criança de 5 anos. "Tudo começou há um mês. Fui pegar ele ao meio dia no jardim e, na esquina, passamos pela porta de uma vendinha. Matias me pediu um alfajor, mas eu falei que não, porque íamos almoçar em casa. Então, ele se jogou no chão e começou a gritar que queria o alfajor. Ainda por cima estava do lado de um ponto de ônibus, e as mães de todos os coleguinhas olhavam para mim horrorizadas. Eu não sabia o que fazer. Pedi que levantasse, mas ele insistia que comprasse o alfajor. No final, venceu por cansaço, e acabei comprando. Enquanto o dava para ele, secou as lágrimas e ficou tranquilo.

Comportamento problema: se joga no chão na frente da vendinha.

Reforço positivo do comportamento problema: o alfajor lhe é comprado.

Resultado: aprende que com escândalo pode obter o que quer.

II. Reforço negativo de comportamentos problema:

Silvia é mãe de Emiliano, uma criança de 6 anos de idade. "Todos os dias é um drama para dar banho nele. Falo para ele que vá tomar banho, e ele fala: já estou indo!, enquanto continua brincando. Tenho que repetir 20 vezes e isso me desgasta, porque demora uma meia hora. Finalmente, acabo levando ele à força e ele chora".

O resultado final do comportamento de Emiliano foi negativo: o levaram à força e acabou chorando. Não obstante, da sua perspectiva, as coisas são diferentes. Emiliano centra-se no aqui e agora, e durante um bom tempo conseguiu o que queria: evitar tomar banho (além de continuar brincando).

Comportamento problema: desobedece o pedido da mãe.

Reforço negativo do comportamento problema: evita tomar banho.

Resultado: aprende que dizendo "já estou indo" evita tomar banho e pode continuar brincando.

III. Ausência de reforço positivo de comportamentos positivos:

Depois de meses com más notas na escola, Sofia finalmente obtém um 8 na avaliação de história. A sua mãe considera que é seu dever obter tais notas e ainda está brava pelos resultados anteriores, portanto, não faz nenhum comentário a respeito.

Comportamento positivo: obter um 8.

Reforço positivo ausente do comportamento positivo: felicitá-la por essa boa nota.

Resultado: pode pensar que se esforçar não faz sentido quando ninguém a valoriza.

IV. Problemas ao utilizar a Extinção:

A extinção implica a ausência ou retirada de reforço depois de um comportamento que se repete frequentemente.

Exemplo: A mãe de uma criança de 4 anos diz: "Estou preocupada porque a minha filha Florência chora por tudo. Ainda por cima, eu fico muito angustiada em vê-la chorar, então a abraço e digo "coitadinha", que não chore, a consolo etc."

Comportamento problema: chora por tudo.

Reforço positivo do comportamento problema: a mãe a consola.

Resultado: aprende que chorando obtém o consolo e atenção da mãe.

Extinção: consistiria em retirar a atenção frente a choros provocados por situações irrelevantes.

Chaves da extinção:

- Para que esta estratégia seja eficaz é necessário aplicá-la sistematicamente em várias ocasiões.
- Ao começar a aplicá-la, o comportamento costuma agravar antes de melhorar.
- Seus efeitos a médio prazo são importantes e estáveis.
- Considero-o um investimento para obter os resultados desejados.

Seguindo o exemplo anterior, se a mãe deixa de consolar Florência, é provável que no início a criança chore ainda mais, já que está costumada a obter o consolo. Não obstante, cabe esperar que depois de reiteradas oportunidades na qual falhe em obter o que deseja, o choro diminua.

Comportamentos positivos que poderiam ser reforçados

Não costumamos estar habituados a reforçar os comportamentos positivos das crianças e tendemos a prestar atenção nos comportamentos negativos.

É útil tirar alguns minutos para registrar aquelas condutas positivas que poderiam ser reforçadas.

Condutas positivas*	Possíveis reforços

* Exemplos: tirou a mesa, fez a cama, arrumou os seus brinquedos, brincou tranquilo, não interrompeu, sorriu para mim, escovou os dentes etc.

Reforço de comportamentos problema

Inadvertidamente, costumamos reforçar numerosos comportamentos problemáticos. Costuma ser proveitoso utilizar este Registro de reforços de comportamentos problema para observar as situações nas quais a criança tem uma conduta disfuncional, e imediatamente obtém algo que se deseja.

Conduta Problema (1)	Reforço da conduta (2)	Resultado (3)

Exemplos:

(1) faz birra porque quer um doce;

(2) finalmente, comprou o doce;

(3) aprende que com birras obtém o que deseja.

REGISTRO S-R-C (Situação-Reação-Consequência) Para o Monitoramento da Interação Pais-Filhos

Recomenda-se realizar uma auto-observação no lar da interação entre você e o seu filho.

Na primeira coluna discrimina-se um comportamento problemático, a situação e o momento em que ocorre. A segunda coluna descreve de forma concreta a resposta do pai frente ao problema. A terceira coluna descreve a resposta da criança frente à intervenção parental no instante e depois de dez minutos. Isto deve-se a que frequentemente reage mal no instante de ser aplicada a consequência, mas se o pai mantém o modo consistente de sua resposta, a criança costuma obedecer ou mudar o seu comportamento negativo.

Este é um exemplo dos pais de Tomy.

O que o Tomy fez	Minha reação (Consequência)	Reação de Tomy (no momento e 10 min depois)
Exigia que eu comprasse balas antes do almoço. Como eu neguei, começou a fazer pirraça na rua.	Falei mais uma vez que antes ele tinha que comer. Logo comecei a ignorar ele.	Chorou por 5 minutos e depois se tranquilizou.
Queria ficar na área dos brinquedos do supermercado. Gritava pra mim "Me espera, me espera!"	Falei tranquila: "Estou indo, Tomy" e continuei andando.	Me seguiu correndo.
Enrolava pra fazer seus deveres.	Perdi as estribeiras. Gritei e mandei ele pro quarto.	Começou a fazer birra e no fim não fez os deveres.
Mais uma vez brigamos porque ele não queria fazer a lição de casa. Me pedia para esperar até que terminassem os desenhos animados.	Tranquila, desliguei a TV e disse: "Você que sabe, quando terminar o dever pode ver TV".	Ficou emburrado um tempinho, minutos depois aceitou.

Registro S-R-C para ser preenchido pelos pais

O que meu filho fez	Minha reação (Consequência)	Reação de meu filho (no momento e 10 min depois)

COMPREENDA O CIRCUITO DA DESOBEDIÊNCIA

CONSEQUÊNCIAS DESTE CIRCUITO

- As primeiras ordens perdem eficácia, já que a criança costuma obedecer somente quando é forçada.
- A criança ganha tempo para continuar fazendo o que quer.
- A relação costuma se desgastar por este circuito.
- A criança fica irritada com os seus pais e começa a vê-los como adversários que o único que fazem é dar ordens para ele.

Como mudar este circuito?

Comece melhorando a relação com o seu filho.

Preste atenção quando o seu filho obedece.

Aumente a sua motivação com sistemas de fichas ou pontos.

Tempo fora. Manejo das crianças em locais públicos.

Estratégias para melhorar o comportamento escolar.

Manejo de futuras dificuldades no comportamento.

PASSO 2

Comece melhorando a relação com o seu filho:

A. "Tempo especial"

- Selecione um momento do dia no qual se dedicará exclusivamente a BRINCAR com o seu filho.
- Pode ser de 10 ou 20 minutos.
- Você sozinho com ele.
- Ele deve escolher a atividade (não deve ser "assistir a televisão"), mas é preferível que seja algo que ambos curtam. Assim sendo, é mais provável que esta atividade seja mantida.
- Não tenha o controle da brincadeira, não critique, não questione, não ensine nem corrija.
- CURTA o seu filho.
- Simplesmente descreva ou comente o que seu filho faz. "Ah, agora está pegando o carrinho vermelho...", "O robô branco arrebenta o preto!". Aprove-o, elogie-o: "Que bonitos que ficaram teus cachorrinhos de massinha!"
- Se começar a se comportar mal, ignore-o por alguns minutos.
- Se continuar, diga que o tempo de brincadeira acabou e retire-se.
- Procure fazê-lo pelo menos 5 vezes na primeira semana.
- Depois pode diminuir a frequência.
- Recomenda-se continuar este tempo especial de brincadeira indefinidamente.

B. Motive-o mediante a aprovação

Gestos de aprovação	Palavras de aprovação
Abraçar	"Que bom!"
Beijar	"Muito obrigado por...!!"
Dar um tapinha carinhoso	"Excelente!"
Sorrir	"Muito bom!"
Gesto de aprovação com a mão	"Você parece adulto quando..."
	"Que bom que você fez isso!"
	"Como você se comportou, vamos..."
	"Estou muito orgulhoso de você por..."
	"Gosto muito quando você faz..."

Importante:

- Aprove-o no momento, não deixe o tempo passar.
- Avalie o comportamento específico da criança e diga isso a ela.
- Termos como: "Você se comportou bem!" ou "Você se comportou mal!" são muito genéricos. Não explicam direito a criança, o que fez bem ou mal.
- Não faça comentários irônicos, tal como:
  "Finalmente você fez alguma coisa certa!".

Por enquanto ignore ou evite criticá-lo pelas faltas menores.

Consiga paz no seu lar!!

PASSO 3

Preste atenção quando o seu filho obedece:

A. Descobrindo os bons comportamentos

- Quando você der uma ordem, indique em seguida o bem que o está fazendo.
- Elogie-o quando começar a obedecer.
- Pode sair por alguns momentos se tiver que fazê-lo, mas:
- Retorne frequentemente para elogiar a sua obediência.
- Se o encontrar fazendo uma tarefa sem que tenha sido pedido, este é o momento para fazer elogios especialmente positivos.
- Escolha duas ou três ordens que obedeça inconsistentemente e concentre-se especialmente em elogiá-lo e prestar atenção sempre que começar a responder a elas.

B. Treine-o em obediência

- Escolha um momento no qual o seu filho não esteja muito ocupado.
- Peça que lhe faça pequenos favores, tais como: "Me passe o sal (colher, toalha, revista etc.)", "Guarde a sua mochila".
- Dê ordens que sejam breves e fáceis de realizar.
- Dê cinco ou seis destas ordens seguidas durante alguns minutos.
- Cada vez que obedecer, elogie-o.
- Coloque-no em prática várias vezes por dia.
- Se as ordens forem muito simples, a maioria das crianças as realizarão.

C. Como dar ordens efetivas

Nenhuma criança obedece 100% o que lhe pedem. Não obstante, está comprovado que o modo como for apresentada a ordem pode aumentar ou diminuir a probabilidade de que a mesma seja cumprida. Por esse motivo, recomenda-se o seguinte:

- Certifique-se de que cumprirá o que diz.
- *"Você não vai sair o ano inteiro." Você cumpriria? Caso contrário, perderá a credibilidade.*
- Planeje respaldá-lo com as consequências apropriadas, tanto positivas quanto negativas.
- *"Se você voltar às 9, na próxima semana deixo que saia até as 10." "Se chegar mais tarde, na próxima você não sairá".*
- Não apresente a ordem como uma pergunta ou favor.
- *"Meu amorzinho, você seria bonzinho e ajudaria a sua mãe, que gosta tanto de você, a colocar a mesa, por favor?" Recomende BONS MODOS, mas com FIRMEZA.*
- Dê somente uma instrução específica por vez.
- *"Joãozinho, vá escovar os dentes, depois lave o rosto, arrume o seu quarto e me ajude a colocar a mesa". Acha que lembrará tudo? Qual é a probabilidade de que o consiga? Com tantas ordens, a motivação do seu filho aumentará ou diminuirá?*
- Se a tarefa for complexa, divida-a em passos mais simples.
- *Uma vez que escovou os dentes, peça que lave o rosto. Depois de fazê-lo, que arrume o seu quarto etc.*
- Certifique-se que a sua criança o olhe nos olhos.
- *As palavras são somente uma parte da comunicação. Com seu olhar, pode enfatizar o seu pedido e aumenta a probabilidade de que seu filho o escute.*
- Reduza todas as distrações.
- *Se o seu filho estiver brincando no computador e você, da cozinha, o chama para comer, qual acha que será o efeito que poderá ter? O que o atrai mais, o seu chamado ou os joguinhos?*
- Peça à criança que repita a ordem para ter certeza que entendeu.
- *Lucas, vai comprar manteiga. Cinco minutos depois, com um sorriso, diz: "olha mãe, comprei o pão que você pediu."*

PASSO 4

Aumente a sua motivação com sistema de fichas ou pontos:

Este sistema consiste em usar fichas ou pontos para premiar o bom comportamento e diminuir o inadequado.

Os passos são:

1. Faça uma lista das condutas apropriadas pelas quais seria premiado.
2. Uma lista de prêmios que poderão ser trocados pelas fichas ou pontos.
3. Especifique quantos pontos valerá cada comportamento.
4. Especifique quantos pontos valerá cada benefício.

Esclarecimentos:

1. Com crianças:

Menores de 8 anos	**de 8 a 12 anos**
Fichas tangíveis:	Pontos que se registrarão em:
Fichas coloridas,	um caderno,
carinhas felizes,	um arquivo no computador.
estrelinhas.	

2. O que é o que gera mais tensão na convivência? Seja especialmente generoso com isso.

Os pais de Damián se queixavam do impossível que era fazer com que levantasse pela manhã. O sistema de pontos que confeccionaram foi o seguinte:

Colocar a mesa = 1 ponto

Fazer a tarefa = 5 pontos

Levantar sem reclamar pela manhã = 10 pontos

Por outro lado, os pais de Pedro sofriam muito na hora do filho fazer a tarefa, gerando brigas intermináveis. Este foi o sistema de pontos que montaram:

Levantar sem reclamar = 1 ponto

Colocar a mesa = 5 pontos

Fazer a tarefa = 10 pontos

Importante:

Não há um modo adequado ou universal de montar o sistema de pontos.

Dependerá dos interesses e dificuldades que cada criança em particular apresentar.

A sua confecção é um trabalho artesanal, e trata-se de um processo de ensaio e erro.

Não desanime se no início não obtiver o entusiasmo ou resultado esperados.

Não é possível que a criança não tenha interesse pelo sistema, já que nunca deixam de desejar benefícios ou recompensas.

É muito importante que estas não sejam obtidas fora do sistema de pontos, já que isso jogaria por água abaixo todos os esforços.

Se a criança depois de uma semana não consegue obtê-los, é preferível diminuir o nível de dificuldade das tarefas ou aumentar os benefícios em troca das mesmas.

Frente à dúvida, seja generoso!

A. O programa de fichas

Recomendável para crianças com menos de 8 anos

- Consiga fichas plásticas (como as cartas de baralho).
- Com crianças com menos de 5 anos, todas as fichas têm o mesmo valor.
- Crianças de 6 a 8 anos, o valor pode variar de acordo com a cor.
- Explique que acha que não o recompensava o suficiente por fazer coisas agradáveis. Que deseja mudar isso e que estabelecerá um novo programa de recompensas para que possa ganhar coisas e privilégios agradáveis por se comportar corretamente.
- Devem preparar um lindo cofrinho.
- Uma lista dos privilégios que quer que a sua criança ganhe com as fichas de pôquer. Podem ser: ocasionais (ir ao cinema, patinar, comprar um brinquedo) e diários (televisão, joguinhos de videogame, brinquedos especiais que estejam no lar, andar de bicicleta etc.).

►

◄

- Outra lista que contenha os trabalhos e tarefas que frequentemente terá que realizar para obter os privilégios.
- Atribua um valor em fichas a cada tarefa. Quanto mais difícil for o trabalho, maior será a quantidade de fichas que pagará.
- Atribua um valor a cada privilégio.
- Calcule quanto ganharia em um dia. Sugere-se que dois terços das fichas diárias devem ser gastas nos seus privilégios diários típicos, podendo economizar para ter acesso às recompensas especiais da lista.
- Diga que pode ganhar fichas de bônus quando realiza a tarefa de boa vontade, amável, agradável e rapidamente.
- E que as fichas somente serão oferecidas por tarefas que forem realizadas depois do primeiro pedido.
- Assegure-se de ser generoso com as fichas nesta semana e ofereça-as por qualquer comportamento apropriado, não importando quão pequeno for.

Nota: Esta semana não tire as fichas da criança por mal comportamento. Poderá fazer isto quando o seu terapeuta o indicar, mas, caso contrário, as fichas devem ser usadas SOMENTE como recompensas durante esta semana, não retiradas como castigo.

B. O programa de pontos

Recomendável para crianças com mais de 8 anos

Utiliza-se o mesmo conceito que o sistema de fichas, com certas mudanças:

- Pegue um caderno e divida as folhas como uma caderneta de economia, com cinco colunas para as seguintes:

Data	Item	Depósito	Saque	Saldo

- Quando a criança é recompensada com pontos, escreva a tarefa sob "item" e a quantidade como um "depósito".
- Some-o ao "saldo" da criança.

►

◄

- Quando compra um privilégio com os seus pontos, escreva o privilégio sob "item", coloque esta quantidade na coluna de "saque" e desconte esta quantidade do "saldo".
- Utilize números mais altos que no programa de fichas. Geralmente usamos: 5 a 25 pontos pelas tarefas diárias.
- Até 200 pontos por tarefas que requeiram um maior esforço.

Lembre de não tirar pontos durante a primeira semana.

C. Conselhos para a implementação do sistema de pontos ou fichas

I. Para que servem as recompensas?

Manuel, pai de um menino hiperativo, explica na primeira consulta: "Eu percebo que a minha paciência varia muito dependendo de como foi o meu dia no trabalho. Algumas vezes chego depois de um bom dia e encontro o Lucas brigando com o irmão. Nesses momentos lembro que ele é hiperativo, que por esse motivo está realizando um tratamento e que precisa que o contenha; então, os separo e o levo para fazer alguma coisa comigo. Mas acontece que às vezes tenho um dia ruim, chego cansado em casa e me encontro com um caos e os meninos brigando. Então explodo, acabo gritando com eles, castigando-os e discutindo com a minha esposa".

O objetivo do sistema de pontos e fichas é:

- Incorporar regras mais claras.
- Permitir que as crianças se antecipem às consequências dos seus comportamentos.
- Incrementar a motivação para cumprir as ordens parentais.

II. Por que tenho que compensar o meu filho?

Ernesto, pai de uma criança hiperativa e desafiadora, menciona na consulta: "Eu tenho três filhos e quem sempre se recusa a obedecer é o menor. No entanto, os dois mais velhos são prestativos e obedientes. Por que teria que recompensar o menor por uma coisa que deveria fazer de todo jeito? Acho que seria injusto com os irmãos".

Há que entender que:

- Todos os pais utilizam prêmios e castigos.
- Quando os filhos cumprem as suas responsabilidades, dão a eles benefícios.
- Os benefícios lhes são tirados quando não cumprem as tarefas.

- Costuma acontecer que isto ocorre de forma irregular e, em ocasiões, até contraditórias.
- Algumas crianças requerem certas adaptações pelo ambiente.

Por exemplo:

> Se tivessem uma criança com uma discapacidade motora, não teriam nenhum inconveniente em realizar adaptações edilícias (por exemplo, construção de rampas, instalação de grades). Com algumas crianças com problemas de comportamento ocorre o mesmo, e em muitos casos os parabéns não é suficiente para que mude o seu comportamento. Por isso recomendamos a utilização deste sistema que tem demonstrado ser eficaz para incrementar a aderência aos pedidos parentais.

Passos 5 e 6 tempo fora! (Time out)

A. Como implementá-lo? Primeiro:

- Dê uma ordem em um tom de voz agradável, mas firme.
- Conte com voz alta, de trás para a frente, de 1 a 5 (mais tarde pediremos que somente conte em silêncio).
- Se não tiver começado a obedecer:
- Estabeleça contato visual direto com a criança.
- Levante a voz levemente.
- Adote uma postura firme e diga: "Se você não... (fizer o que eu pedi), então irá se sentar naquela cadeira!"
- Uma vez que tenha feito esta advertência, conte novamente de 1 a 5 em voz alta.
- Se a criança não começou a obedecer durante estes 5 segundos, então diga: "Não fez o que te pedi, assim sendo, deve ir para a cadeira!" e leve-o.
- Deve ir para a cadeira imediatamente, sem importar as promessas que puder fazer.

▶

◄
- Coloque a criança na cadeira e diga firmemente: "Fique ali até que eu fale para você levantar!" Pode dizer que você não voltará para a cadeira até que fique calmo.
- Não discuta com a criança enquanto estiver em tempo fora.
- Nenhuma outra pessoa deve falar com ela durante este tempo.
- Certifique-se de não perdê-la de vista enquanto estiver na cadeira.

B. Quanto tempo deverá permanecer na cadeira?

Depende do cumprimento de 3 condições:

1. A criança deverá cumprir uma **"sentença mínima"**. Pode ser de aproximadamente 1 a 2 minutos por cada ano de idade. Use a regra de 1 minuto para comportamento inapropriado leve ou moderado, e a regra de 2 minutos para comportamento que for grave. Assim sendo, uma criança de 6 anos deverá permanecer pelo menos de 6 a 12 minutos na cadeira, dependendo da gravidade da falta cometida.
2. Deverá **estar calmo** uma vez que tiver cumprido a sentença mínima.

   No caso de continuar fazendo birras, o tempo prolonga até que fique tranquilo.
3. **Deve aceitar realizar o que pediu que fizesse.** Uma vez que tenha se acalmado por alguns segundos, se não aceitar fazer o que lhe foi pedido originalmente, deverá continuar na cadeira. No caso de que tenha sido mandada à cadeira por ter cometido uma falta que não possa corrigir, deverá prometer não voltar a fazê-lo.

C. Onde deve ser colocada a cadeira?

Deve ficar longe da parede para que não possa chutá-la enquanto está sentada. Não deve haver objetos perto que possam ser usados para brincar. Não se deve permitir que assista televisão da cadeira. A localização deve ser tal que os pais possam observá-la enquanto continuam com as suas atividades, sem ter que ficar parados na frente dela.

D. Preparação para uso do tempo fora

A primeira semana será provavelmente a mais difícil.

Nos primeiros dias podem aumentar as birras da criança, devido à sua resistência a permanecer na cadeira. Esclareça as suas dúvidas antes de começar. Não o implemente até não estar certo. É necessário implementá-lo com rigorosidade no início. Pode ser que alguns pais tenham que mexer na aplicação.

Não afetará a sua autoestima ou a nossa relação?

Em uma consulta, uma mãe disse: "eu não estou certa de implementá-lo com o meu filho, pois me parece que vai afetar a sua autoestima". Ao indagar sobre o modo com que frequentemente resolvia os conflitos com a criança, foi possível constatar que frente às birras ocorriam aumentos de violência, com uma série de gritos em que ambos falavam coisas para o outro que feriam, e em algumas ocasiões acabava com o castigo físico.

É necessário desmitificar o uso do tempo fora. Simplesmente trata-se de uma retirada de reforço.

Adquire valor somente pelo que a criança deixa de fazer nesse momento. Costuma diminuir as escaladas de agressões. Evita o circuito de gritos que em algumas ocasiões acaba em castigo físico. Geralmente, depois da primeira ou segunda semana, a criança aceita ir para a cadeira sem oferecer resistência.

Evita-se a longo prazo uma série de situações que poderiam deteriorar os vínculos e a convivência.

E. Estratégias das crianças para evitar o tempo fora

1. Pedir para ir ao banheiro, sob ameaça de fazer xixi na cadeira.
    - Na nossa experiência, isto jamais ocorreu.
    - Explique que poderão ir assim que forem cumpridos os três requisitos para sair da cadeira (ver mais adiante).

▶

◀

2. Falar que não gosta mais dos pais e outras coisas feias.

    - Alguns pais se sentem afetados por este tipo de comentários, podendo gerar muita culpa neles.
    - Estes comentários costumam ser manipulativos ou estar relacionados a momentos de grande ativação emocional.

3. Mover-se, mexer a cadeira, chutar os objetos que há perto.

    - Estes comportamentos são tomados como abandono da cadeira e implicam começar a contar o tempo novamente.

4. Queixar-se de doença, dores ou vontade de vomitar.

    - É recomendável ignorar estas manifestações, a menos que haja uma evidência de doença ou mal-estar prévio ao uso da cadeira.
    - Nenhuma criança contraiu doenças por permanecer sentada em uma cadeira da sua casa.
    - Uma vez que as crianças descobrem que esta estratégia não chama a atenção dos pais, costumam deixá-la de lado.

5. Queixar-se de ter fome ou sono.

    - Isto costuma ocorrer quando os pais têm dificuldades para que a criança sente para comer, ou à noite, para que vá dormir.
    - É recomendável que permaneça na cadeira até que tenham sido cumpridas as três condições. Ainda que tenham que comer ou deitar um pouco mais tarde.

6. Recusar-se a sair da cadeira, uma vez que os requisitos foram cumpridos: "Agora não vou, fico o tempo que eu quiser".

    - Neste caso recomenda-se iniciar novamente o período de tempo fora.
    - O importante é que somente acabe quando os pais o decidirem.

F. Utilização do tempo fora com crianças agressivas

Interconsulta médica:

Se considerar que pode levar a uma escalada de violência, é recomendável não implementá-la até avaliar a possibilidade de realizar uma interconsulta psiquiátrica.

Resistência física:

Alguns pais temem pela resistência física que pode impor o filho, especialmente quando são um pouco maiores. Frequentemente a mãe teme fazê-lo, já que a criança pode apresentar mais resistência com ela que com o pai.

Susana, mãe de Nicolás, de 10 anos, diz: "Nico é muito diferente quando está comigo do que com o pai. Quando está comigo, me insulta, bate na irmã e não me obedece quando o corrijo. Eu o ameaço de que vou contar para o pai quando ele chegar do trabalho, mas nem assim consigo controlar ele. No entanto, quando o pai chega, não tem coragem de fazer tudo isso, porque tem medo dele. Imagino que se estiver sozinha e eu quiser colocá-lo na cadeira, terei que correr pela casa inteira."

Nestas situações é recomendável que:

- No início, a mãe utilize o tempo fora somente na presença do pai.
- Quando se sentir mais segura, tente implementá-lo sozinha.

PASSO 7

Manejo das crianças em locais públicos

Muitos pais de crianças desafiadoras experimentam dificuldades quando saem com os seus filhos. Ir à casa de familiares, restaurantes ou supermercados pode ser caótico. Isto faz com que evite essas situações, distanciando-se e aumentando o isolamento.

Para reverter esta situação, recomenda-se implementar os seguintes 4 passos:

Antecipe-se
Incentive-o
Advirta-o
Planeje

►

◄

ANTECIPE-SE: Estabeleça as regras antes de entrar no local

Tente não se preocupar com o que possam pensar ou falar as pessoas sobre a interação com o seu filho e foque-se em antecipar-se e manejar o seu comportamento. Dê duas ou três ordens claras na porta, e peça que as repita. "Agora vamos entrar no supermercado. Quero que você não corra, não peça e não brigue com o seu irmão. O que você tem que fazer?

B. INCENTIVE-O: Estabeleça um incentivo para que a criança obedeça

"Se você me obedecer, ganhará X fichas ou pontos".

C. ADVIRTA-O: Estabeleça as consequências negativas pela desobediência

Em casos leves poderá tirar pontos ou fichas. Para comportamentos mais severos, poderá implementar O TEMPO FORA NO LUGAR PÚBLICO: escolha um setor que seja tranquilo e medianamente tedioso. Diga que no caso de desobedecer, deverá fazer o tempo fora em pé nesse lugar. O tempo pode ser menor que no seu lar, já que são mais atrativos os estímulos que perde estando em um lugar público. No caso de se recusar a fazer o tempo fora em um local público, poderá fazê-lo no automóvel. Raramente é necessário implementar o procedimento; a advertência costuma ser suficiente.

D. PLANEJE: Ofereça a sua criança uma atividade para fazer

Uma situação chata é praticamente uma placa de petri para um mau comportamento. Por exemplo:

- Viajens longas em carros,
- Salas de espera de consultórios,
- Esperar a comida ser servida em um restaurante,
- Compras no supermercado.

Todas estas situações podem acabar gerando dificuldades. Por esse motivo é recomendável:

- Levar brinquedos,
- Folhas e lápis para desenhar,
- Pedir que faça tarefas divertidas,
- Buscar certos produtos, comparar preços etc.

►

PASSO 8

Estratégias para melhorar o comportamento escolar de casa: Cartões de relatório diário escolar

A. Por que é importante trabalhar com a escola?

Muitas das crianças que apresentam comportamentos desafiadores no âmbito do lar, também costumam ter dificuldades comportamentais na escola. De fato, um grande número de consultas são promovidas pelas reclamações e preocupações dos docentes e autoridades da instituição escolar.

B. Por que é mais complexo o trabalho na escola?

- Infelizmente, a intervenção e mudança de comportamentos derivados neste âmbito costumam ser mais difícil, devido a que:
- É mais complexo administrar disciplina na aula, já que são muitas crianças.
- Os professores não contam com as mesmas ferramentas que os pais para recompensar ou desanimar os comportamentos das crianças.
- Os pais têm uma menor incidência neste âmbito, já que não estão presentes quando surgem os comportamentos desafiadores;
- Em certas ocasiões, ficam sabendo depois que a criança teve uma grande quantidade de problemas e são convocados ou recebem notas no caderno de comunicações, quando chega "à última gota que faltava". Nesses casos, costumam ser feitas repreensões ou castigos que carecem de efetividade por ser fora da hora. "*Como pode ser Valentim? Recebi uma convocação para ir ao colégio porque parece que na semana passada você não parou de brigar com o seu colega de banco. Nem sonhe em sair neste final de semana.*"

▶

◄

- Geralmente, as crianças não costumam comentar detalhes demais do seu comportamento na escola. Diálogos como o seguinte são muito frequentes:
- *Mãe: Como foi hoje na escola? Filho: Bem. Mãe: Bom, mas me conta o que você fez. Filho: Não sei. Não lembro.*
- Inclusive quando os pais têm a possibilidade de se comunicar com os docentes, costumam ter uma impressão global do comportamento da criança. "Se comporta bem, ou se comporta mal". Esta informação não tem grande utilidade, já que se informam que se comporta mal, não especificam quais são os comportamentos inadequados, nem quais são os comportamentos positivos que também estão presentes.

C. Qual é a utilidade dos cartões de relatório diário?

Frente a estas dificuldades, os cartões de relatório diário do comportamento escolar tentam cumprir os seguintes objetivos:

Aumentar a influência sobre os comportamentos da criança na escola.

Tornar extensivo o sistema de pontos e fichas à escola.

Melhorar a comunicação entre os docentes e os pais.

Requerem pouco tempo e esforço para ser preenchidas pelos docentes.

Oferecer aos pais e profissionais tratantes informação específica e detalhada sobre comportamentos tanto positivos quanto negativos.

Dar aos pais a possibilidade de intervir no início frente às dificuldades, motivando e sugerindo aos seus filhos estratégias alternativas de enfrentamento.

Poder quantificar e avaliar durante um certo período de tempo a evolução do comportamento da criança.

D. Como implementá-lo?

1. Realiza-se um cartão, no qual consta: Uma coluna onde constam os comportamentos esperados da criança e outras colunas onde é colocada a pontuação obtida.
2. Depois, a professora preenche utilizando uma pontuação que poderia ser a seguinte:

1= excelente, 2= bom, 3= regular, 4= ruim e 5= muito ruim

►

◄

3. Estas pontuações poderão ser incluídas no sistema de pontos ou fichas, como, por exemplo, do seguinte modo:

   1=5 fichas, 2=3 fichas etc.

4. Finalmente, a criança poderá trocar estas fichas por benefícios, bem como as fichas obtidas pelo restante das suas tarefas.

Na hora de selecionar os comportamentos que serão incluídos no relatório, recomenda-se chegar a um consenso com a professora, procurando ser mais específico possível. Alguns exemplos, utilizados especialmente com crianças hiperativas, são os seguintes:

- Participa em aula.
- Conclui a tarefa.
- Se dá bem com os seus colegas.
- Não empurra nem bate.
- Não tira sarro nem incomoda.
- Obedece a professora.
- Permanece calado quando corresponde.
- Permanece sentado quando corresponde.
- Não faz birra.
- Não abre a porta nem desce do transporte quando não corresponde.
- Dependendo de onde ocorrer o conflito, principalmente, pode-se fazer um cartão para:
- A aula.
- O intervalo.
- O transporte escolar.

►

◄

Recomenda-se que no início a professora preencha um cartão a cada dia e o envie junto com o caderno de comunicações da criança. A seguir, mostra-se um exemplo de cartão como os que são propostos em "Terapia Cognitiva para Crianças e Adolescentes. Manual para a prática clínica". de M. Reinecke, F. Datillio & A. Freeman[3].

Este pode ser preenchido somente pelo professor quando se desejar utilizá-la para incentivar a criança, mas também pode ser preenchido pela criança e premiá-lo quando coincidir com a avaliação do professor, para aumentar o grau de registro que a criança tem sobre o seu próprio comportamento.

Cartão de avaliação para professores

Nome: .... Data: ....

Conduta	Nada	Um pouquinho	Mais ou menos	Bastante	Muito	Pontuação
Se distraiu	1	2	3	4	5	Pontos: Bônus: Total:
Trabalhou em silêncio	1	2	3	4	5	Pontos: Bônus: Total:
Fez bem a tarefa	1	2	3	4	5	Pontos: Bônus: Total:
Participou em sala	1	2	3	4	5	Pontos: Bônus: Total:
Terminou a tarefa	1	2	3	4	5	Pontos: Bônus: Total:

[3] Reineke, M., Dattilio, F. & Freeman, A. (1996). Cognitive Theraphy with Children and Adolescents. Nova York: The Guilford Press.

Cartão de autoavaliação

Nome: .... Data: ....

Conduta	Nada	Um pouquinho	Mais ou menos	Bastante	Muito	Pontuação
Me distrai	1	2	3	4	5	Pontos: Bônus: Total:
Trabalhei em silêncio	1	2	3	4	5	Pontos: Bônus: Total:
Fiz bem a tarefa	1	2	3	4	5	Pontos: Bônus: Total:
Participei em sala	1	2	3	4	5	Pontos: Bônus: Total:
Terminei a tarefa	1	2	3	4	5	Pontos: Bônus: Total:

A seguir, apresenta-se um cartão de relatório diário para ser preenchido pelos pais. Seguindo o modelo recomendado por R. Barkley[4].

CARTÃO DE RELATÓRIO DIÁRIO PARA O COMPORTAMENTO ESCOLAR

Nome: .... Data: ....

Professor(es):

Avalie o comportamento da criança durante o dia de hoje. Especifique. Use a seguinte escala: 1 = excelente, 2 = bom, 3 = regular, 4 = ruim e 5 = muito ruim. Se desejar realizar algum comentário, pode fazê-lo no verso do cartão.

[4] Barkley, R. A. (1998). Niños Desafiantes. Material de evaluación y folletos para los padres. Nova York: The Guilford Press.

	Matéria/ Intervalo/ Transporte		
Comportamentos a serem avaliados	**1**	**2**	**3**
Iniciais do professor			

Nesta versão avaliam-se diariamente junto à docente no máximo três grupos de comportamentos concretos. Colocam-se nos eixos verticais correspondentes a cada dia um ícone representando um rosto correspondente à adequação do comportamento: Feliz, regular ou triste. De acordo com os resultados, os pais poderiam reforçar diariamente à criança, apoiando a docente no monitoramento do comportamento escolar.

Exemplo:

Conduta	Segunda	Terça	Quarta	Quinta	Sexta
Copiou a matéria da lousa					
Ficou quieto					
Criou caso					

A seguir oferecemos um modelo de cartão-registro em branco para ser preenchido diariamente pelo/a docente.

Conduta	Segunda	Terça	Quarta	Quinta	Sexta

PASSO 9

Manejo de futuras dificuldades no comportamento

O programa de treinamento para pais conta com um alto índice de eficácia. Não obstante, os estudos, bem como a nossa experiência clínica, indicam que em uma importante quantidade de casos ocorrem recaídas. Isto tem diversas explicações.

Em primeiro lugar, a medida que vão crescendo, as crianças mudam os seus comportamentos. Algumas delas remetem espontaneamente. Pode ser que outras sejam mantidas, mas surgem em situações diferentes. Inclusive podem surgir novos comportamentos disfuncionais.

Em segundo lugar, muitos pais, depois de um tempo, deixam de lado as estratégias implementadas no programa. Talvez isto tenha a ver com que a sua realização requer tempo e esforço. Muitas vezes consideram que quando ocorre uma certa melhora, não vale a pena continuar se esforçando tanto. Então, voltam a estratégias anteriores. A prática ensina que, infelizmente, as crianças também voltam a comportamentos anteriores nestes casos.

Em outros casos podem ser registradas quedas em situações de crises, frente às quais os pais não contam com os mesmos recursos para manter as intervenções. Alguns exemplos são crises maritais e econômicas, situações de doença etc. A isto soma-se que estas situações costumam afetar também a criança, incrementando em ocasiões a sua sintomatologia.

Isto de modo algum implica voltar a zero, ou que não tenham sido úteis os esforços realizados. Pelo contrário, deve ser tido como uma oportunidade para colocar em uso novamente as habilidades aprendidas ao longo do programa.

Por esse motivo, recomendamos as seguintes estratégias para prevenir recaídas:

Registre e anote: quais são os problemas de comportamento apresentados pelo seu filho, bem como a estratégia que você utiliza para administrá-los. Preste especial atenção àquelas situações que se repetem várias vezes, nas quais falham as tentativas de solução.

Reveja se voltou a algum dos velhos hábitos, tais como:

- Repetir demais as ordens
- Dar várias ordens ao mesmo tempo
- Não monitorar que as mesmas sejam realizadas
- Não cumprir as ameaças ou promessas de benefícios

- Não olhar nos olhos
- Não prestar suficiente atenção e elogios pelos seus esforços realizados
- Abandonar prematuramente o sistema de pontos ou fichas ou não incluir nele os benefícios que realmente incentivam a criança
- Não implementar adequadamente o tempo fora. Não monitorar o seu cumprimento ou não realizá-lo para evitar confrontações.

Nestas situações você pode:

A. Rever os apontamentos e folhetos do programa, tentando implementá-los do modo que tinha feito previamente.

B. Comunicar-se com o terapeuta para pautar sessões de reforço ou eventuais intervenções complementares.

Estratégias complementares

A. Contratos

São frequentes os mal-entendidos entre as crianças ou adolescentes e os seus pais na hora de fazer tratos, por exemplo:

Mãe: Eu te falei que se você chegasse depois das 10 horas, ficaria sem sair no final de semana seguinte. Tivesse pensado nisso antes.

Filho: Você não falou isso. Você me disse que procurasse chegar cedo. Eu cheguei às 11, e para mim isso é cedo.

Este tipo de mal-entendido costuma gerar um incremento nas discussões e deterioração nas relações. Por outro lado, como diz o aforismo: "as palavras são levadas pelo vento".

Para evitar isto, uma ferramenta que em certas ocasiões tem demonstrado ser útil é o desenho de contratos comportamentais, nos quais ambas as partes se comprometem a cumprir a sua responsabilidade e aceitar as consequências.

Igual ao restante das estratégias, será indispensável ser o mais concreto possível na hora de definir os comportamentos que se desejam obter, de modo que sejam evitadas discussões sobre a interpretação. A seguir apresenta-se um modelo possível de contrato.

Contratos

Eu: ....

Me comprometo a:

....

....

....

Se cumprir, obterei:

....

....

....

Se não cumprir, as consequências serão:

....

....

....

....

Data: ....

....

Assinatura do menino Assinatura dos pais ou tutor

Os contratos devem ser a curto prazo, com metas realistas e as condutas claramente definidas.

Modelo para resolver conflitos interpessoais[1]

EPA!

Os conflitos costumam ocorrer porque temos visões diferentes de como deveriam ser as coisas, bem como interesses, necessidades e desejos contrapostos. Por sorte, contamos com ferramentas para solucioná-los.

Como primeiro passo, pedimos que adote esta forma alternativa de pensar os conflitos com o outro: cada um tem visões e necessidades diferentes que podem se contrapor com as minhas. A solução é negociar e chegar a acordos.

Se você o faz, ensinará o seu filho a fazê-lo.

Epa!
Conflito à vista!

Quando perceber que há um conflito na porta, diga para si mesmo: "E.P.A.!", prepare-se para resolvê-lo e lembre que toda negociação ocorre a partir de três etapas:

E. Mostrar **EMPATIA**.

P. Dizer ao outro qual é o nosso **PROBLEMA**.

A. Propor, junto com o outro, **ALTERNATIVAS** de solução.

[1] N. do A.: Adaptado de Greene, R. & Stuart Ablon, J. (2006). Treating Explosive Kids. Nova York: The Guilford Press.

1. Empatia

Coloque-se no lugar do seu filho, peça que lhe explique a sua visão, compreenda-o e expresse-o verbalmente.

Imagine o que sente o outro nesta situação (braveza, tristeza, frustração etc.) e por qual motivo.

Diga que **você entende** que ele está sentindo isso e por que acha que acontece isso.

Exemplos:

"**Percebo** que isto te **(frustra-incomoda-enche etc.)** porque leva muito tempo lutando com as tarefas do colégio"

"**Entendo** que você **fique bravo e triste** por eu chegar tarde alguns dias"

"**Acho que** te incomoda que eu, às vezes, cometa estes tipos de erros"

"**Sei que te incomoda** que te apresente isto, porque faz muito tempo que venho dizendo o mesmo para você".

Que não sinta que quer **"invadir o seu território"**

Se ficou tranquilo, veja o seguinte passo.

2. Problema

A. Descreva o que sente em primeira pessoa.

Não culpe o outro.

Não use "etiquetas" (você me faz ficar bravo, você é um inútil, você é um...).

Exemplos:

"Acontece que **me** incomoda que..."

"**Fico** triste que..."

"**Fico** frustrado que..."

"**Eu** preciso..."

"Para **mim é** importante..."

B. Expresse a sua inquietação / problema / necessidade na forma de comportamentos concretos, específicos e localizados que o outro possa entender:

Exemplos:

"Chegue tarde em casa"

"Que os seus deveres acumulem e fique cada vez mais difícil"

"Você não presta atenção quando digo para você tirar a mesa".

Faça-o no tempo presente. O passado não pode mudar. Foque no que ocorre aqui e agora. Não oprima com uma lista longa. Fale uma coisa por vez. Tampouco use etiquetas ou características globais ("O seu egoismo", "A sua não disposição".

O que queremos que o outro mude são, afinal, comportamentos concretos que nos incomodam.

C. Convide o seu filho a que fale do seu problema, necessidade ou inquietação.

Se cometer os erros com relação aos quais o tínhamos alertado, tente tirá-lo desse lugar e focá-lo nos problemas que lhe incomodam ou inquietam aqui e agora.

Exemplos:

"Quando você fala que sou um ditador, para mim não serve, não entendo. Qual é a conduta que exatamente incomoda você?"

"Não podemos mudar o passado, o que acha se falarmos do que você gostaria que mudasse aqui e agora?"

"Se você fala que sou uma inútil, fico brava e fico sem vontade de te escutar, quero resolver isto: me fale exatamente qual conduta te incomoda".

A ideia é que ambas as pessoas em conflito coloquem os seus respectivos problemas sobre a mesa.

3. Alternativas

Peça que proponha alternativas, que ambos estejam de acordo. Em lugar de impor a sua, convide-o a pensar juntos, tornando desta forma as soluções mais assimiláveis.

Exemplos:

- "Como podemos solucioná-lo?"
- "O que podemos fazer?"
- Escute respeitosamente. Não critique apressadamente. Tome nota mental. Verifique se não pensa em outras alternativas.
- *Pode sugeri-las pedindo a sua opinião das mesmas:*
- "Me sentiria melhor se pelo menos você estudasse meia hora por dia"
- "Quando você vir que vai chegar tarde, seria muito ruim me ligar 20 minutos antes? O que acha?"

Se tem reservas?

Pode expressar a sua reserva na forma descrita na fase 2 (problema)

- "Entendo que seja bom para você que eu te dê o dinheiro do cyber antes, mas prefiro dar depois que você tiver feito a tarefa, para evitar maus entendidos".
- "Não gosto que você saia durante a semana, você vê alguma outra forma de solucionar isso?"

Se chegaram a um acordo, podem se comprometer mutuamente a tentar as mudanças propostas. Pode levar tempo de aprendizado ou pequenas correções.

Aspectos a levar em conta e soluções de emergência

- A negociação precisa de uma temperatura emocional adequada.
- Evite acumular assuntos pendentes.
- Evite as expectativas exageradas.
- Tire da cabeça ideias inúteis:
- Ele teria que pensar nisso (ou sair de dentro, me entender). Se colocar no lugar do outro e negociar requer um esforço consciente.
- Por que eu tenho que começar a mudar? Ele não pode fazer um esforço? Ao consultar o seu terapeuta e/ou ao ler este livro, você é a pessoa mais capacitada para entender que há um problema e iniciar as mudanças.
- Ao repetir estas estratégias frente aos conflitos, o seu filho se mostrará aberto a aprender.
- Indiretamente, estará lhe ensinando a negociar e resolver problemas juntos.
- Alguém tem que começar...

CAPÍTULO 13

HABILIDADES SOCIAIS

A importância das suas relações

Costumamos ficar contentes quando nos damos bem com aqueles que nos cercam: amigos, colegas do colégio, familiares. Também ficamos de bom humor quando temos sucesso ao conhecer gente nova e somos aceitos em diferentes locais: escolas novas, clubes, grupos...

Quando sentimos que "não nos encaixamos", que temos dificuldade em nos aproximar de pessoas que queremos conhecer ou que, apesar dos nossos esforços, não podemos nos dar bem com as pessoas que são importantes para nós, podemos ficar tristes, ansiosos, bravos e isolados. Quantas vezes desejou conhecer formas efetivas para se aproximar das pessoas?

Há formas de se comunicar que funcionam como "chaves" para abrir as portas da amizade e da compreensão. Chamam-se "habilidades sociais" e, se treinar (como qualquer esporte), poderá aumentar as suas possibilidades de melhorar as suas relações e fazer outras novas.

Como funcionam os deboches

O deboche é muito frequente no ambiente escolar e entre amigos. E costumam funcionar como um círculo vicioso.

O deboche é um problema muito frequente quando estamos no colégio. Com alguns, tiram sarro o tempo todo. Entretanto, muitos pensam que é só com eles e ficam muito mal quando tiram sarro deles e isso faz com que precisamente tirem ainda mais sarro.

Como não sabemos se realmente é contigo ou mais uma ideia sua, proporemos que tire uma semana para fazer uma investigação e anote quantas vezes acontece contigo e quantas com outras crianças. Leve ao colégio este registro e anote cada vez que tirarem sarro.

Vai ter que ficar muito atento cada vez que tirarem sarro dos demais!

Registro de deboches:

Dia	Debocham de mim	Debocham dos outros
Segunda-feira		
Terça-feira		
Quarta-feira		
Quinta-feira		
Sexta-feira		
Sábado		
Domingo		

Investigando os deboches

Se o deboche é um problema frequente para você, seria bom que visse quais técnicas usar para resolvê-lo. Ainda que não dependa somente de você, há vezes em que, sem perceber, usamos estratégias que conseguem um efeito contrário àquele que buscamos. Por isso é importante ver o que você pensa e faz sempre que tirem sarro de você. Esta planilha pode lhe ajudar a descobrir isso.

Situação	O que pensei	O que fiz	Qual foi o resultado

Levando em conta o que você pensa e o que fez em cada situação, avalie com o seu terapeuta quais estratégias servem para você e quais não.

Técnicas efetivas para enfrentar o sarro

Aikido Verbal

Tirar barato, ou sarro, é frequente entre amigos ou colegas. Geralmente, o objetivo é nos deixar bravos e, quando o conseguem, acham muito divertido. Por esse motivo, continuam fazendo-o. Se, no entanto, reagimos de outra forma, é possível que fiquem entediados e que, com o tempo, nos deixem tranquilos.

Uma das técnicas para obter isso é: "O AIKIDO VERBAL".

O aikido é uma arte marcial que consiste em usar a força do outro. Ou seja, quando querem pegar eles, no lugar de resistir, o esquivam e, com a força do outro, dão um empurrãozinho para que caia.

O Aikido verbal é parecido, mas no lugar de usar a força física, usam-se as palavras.

Olhe este exemplo:

1. O que acontece com Matias:

Falavam para ele que era um cabeção, e ele brigava, ficava vermelho e respondia "não sou cabeção" ou "você é um baixinho de porcaria". Quando reagia assim, como resistia, os seus colegas morriam de rir e tiravam ainda mais sarro, com isso, entravam em um círculo vicioso que era insuportável para ele.

2. Como usou o Aikido verbal:

Falaram para ele que era cabeção e respondeu: "sim, bastante".

Falaram que a sua cabeça parecia uma abóbora e respondeu: Sim, uma abóbora "extragrande".

Os amigos, tendo estranhado, falaram então: "na realidade, a sua cabeça parece um globo terráqueo" e respondeu "mais que um globo terráqueo, parece o sol, que é maior ainda".

Os amigos não sabiam mais o que falar, se sentiram um pouco incomodados e foram embora.

Quando você tenta usar esta técnica, tem que parecer natural, por isso propomos que faça este exercício divertido.

Tire sarro do seu terapeuta com tudo o que puder; ele vai se defender com estas técnicas para lhe mostrar como se faz.

Depois, o seu terapeuta vai tirar sarro de você, para que você veja como se sai.

E daí?

Outra variante do aikido verbal é a técnica do "E daí?" Esta consiste em que, no lugar de se defender do sarro conseguindo com este aumento, o aceitemos naturalmente. Isto aponta a que aqueles que tiram sarro de nós fiquem entediados de fazê-lo porque não reagimos.

Lembre-se: "O que você aceitar não significa que estará de acordo".

Veja este exemplo:

Os colegas de Pedro tiram sarro dele porque tem muitas "espinhas" no rosto. Quanto mais ficava bravo, mais riam dele.

O que Pedro fez:

Falaram que tinha o rosto cheio de espinhas e respondeu naturalmente: Sim, e daí?

Falaram que parecia um "milho" e respondeu: sim, pareço um milho, e?

Surpresos, aumentaram a aposta: "você pode abrir uma fábrica de maionese" e voltou a responder: "sim, posso abrir uma fábrica de maionese".

E os seus colegas não pensaram em mais nada para falar...

Está pronto para fazer isso?

Treine que o seu terapeuta tire sarro de você e aplique esta técnica de "E daí?"

Outras alternativas podem ser:

- Rir de nós mesmos: Se você acha engraçado, já não é tão divertido para os demais.
- Antecipe-se à piada: se ganhar deles, já não saberão o que falar.
- Enfrentar o que lhe incomoda: sendo assertivo, é possível fazer com que te respeitem e respeitem os direitos dos outros.[1]

Técnicas para lidar com os outros

"Se você quer mel, não chute a colmeia". Quando quiser alguma coisa dos demais, recomendamos:

- Demonstrar o seu interesse.
- Despertar o interesse do outro. Fazer com que fale do que tem interesse.
- Chamá-lo pelo seu nome.
- Fazer com que fale dele.
- Fale do que interessa para você.
- Fazer com que se sinta importante.

Consiga que pensem como você

Para ganhar nas discussões, é necessário evitá-las.

Respeite as outras pessoas, não diga abruptamente que estão erradas.

Se você se equivocar, admita-o.

Quando quiser criticar, diga sempre alguma coisa boa primeiro.

Se tiver que discutir com alguém, tente que de entrada lhe diga que "sim".

Quando alguém quer se queixar, deixe que fale mais.

Quando quiser que lhe ajudem, faça com que a pessoa pense que a ideia é dela.

Busque ver as coisas do ponto de vista dos outros.

Aceite as ideias dos demais.

Apele aos motivos mais nobres, "eu sei que você é um bom amigo e provavelmente não perceba o que acontece comigo. Não acho que a sua intenção seja me fazer sentir mal".

1 **Vide treinamento em assertividade na Quinta Parte: Estado de Ânimo.**

Alguns aspectos a serem levados em conta:

Gestuais	Verbais
Sorrir	Chamar pelo nome
Cumprimentar	Temas de interesse: observando-o, perguntar coisas que o interessem
Olhar nos olhos	Dizer coisas positivas (elogios)
Mostrar apreço	Devolver as perguntas: "E você?"
	Não criticar, primeiro falar algo positivo
	Se se enganar, aceite

Saber escutar:

Escutar ativamente:

- Falar o que o outro quis me dizer com as minhas próprias palavras.
- Começar falando "vejamos se entendi o que você está falando".
- Não mostrar recusa da mensagem do outro (não falar não de cara).

Coisas que posso falar para conhecer alguém:

Perguntas principais	Perguntas que se desprendem das principais
Qual seu nome?	
Quantos anos você tem?	
Onde você mora?	Você mora com seus pais? Onde fica isso?
Onde você estuda?	Você gosta de estudar? Sempre estudou lá? É legal?

Perguntas principais	**Perguntas que se desprendem das principais**
Conhece o...?	De onde? São amigos? E conhece também o...?
Joga futebol, basquete etc?	Onde você joga? Jogou no fim de semana? Como foi a partida?
O que você faz a noite? Onde você gosta de ir?	É legal? Vai muita gente? Onde é?
E você?	
Você se interessa pelo quê?	Perguntar sobre isso
Falar de meninos/as	
Perguntar coisas sobre o que estão fazendo	

Para que treine:

Imagine as seguintes situações: Como poderia utilizar as perguntas do quadro anterior?

Você está com um menino com a camiseta de um clube de futebol.

....

....

....

Você se encontra com uma menina que chega com as sacolas do shopping.

....

....

....

CAPÍTULO 14

MANTER AS SOLUÇÕES

Encerramento de tratamentos

Estamos chegando a uma das partes mais bonitas e divertidas dos tratamentos: quando temos que nos despedir porque cumprimos parte ou todos os nossos objetivos. É lindo, mas também pode ser um pouco triste, porque quando se trabalha tanto juntos, depois sentimos saudades.

Que seja a última, não significa que seja a menos importante. Esta parte do tratamento desempenha um papel fundamental, que poderá:

Manter as soluções

Para isto usam-se algumas técnicas muito divertidas.

"Antes e Depois"

Isto pode servir para avaliar o que foi alcançado. Divida uma folha em duas partes e anote como era e o que fazia antes de começar, e como você é agora e o que você faz.

Este é um exemplo preenchido por Carol, de 14 anos, que tinha problemas com o seu namorado.

Antes:	Agora:
Se não respondia a minha ligação, pensava: "não quer falar mais comigo".	Se não atende a minha ligação "vai ligar mais tarde".
Se não podíamos nos ver, ficava mal.	Se não podemos nos ver "o verei outro dia".
Queria vê-lo todos os dias.	Fico sufocada se vejo ele todos os dias.
O queria só para mim.	Não me incomoda que esteja com outras pessoas.
Criticava tudo.	Olho mais as coisas boas dele.
Ficava o dia inteiro esperando ele.	Faço as minhas coisas.
Muito dependente.	Mais independente.
Mais desesperada.	Mais tranquila.
Ligava para ele o tempo todo e não dava espaço para que ligasse para mim.	Não ligo tanto para ele e agora ele liga mais para mim.

Este é outro exemplo, preenchido por Leo, de 11 anos, que tinha alguns problemas com os seus colegas da escola:

Antes	Depois
Não estava seguro de mim mesmo	Sim!
Me incomodavam muito	Tiram sarro de mim como de todos os outros
Poucos amigos	Muitos amigos
Ficava triste e sozinho	Não mais
Queria ser outra pessoa	Não mais

Desenhar o antes e o depois

Para muitas crianças é útil desenhar como se sentiam antes de começar a trabalhar para solucionar os seus problemas e como se sentem uma vez que os solucionaram.

Veja este exemplo de um menino de 11 anos, que tinha medo de falar em público:

Antes

Depois

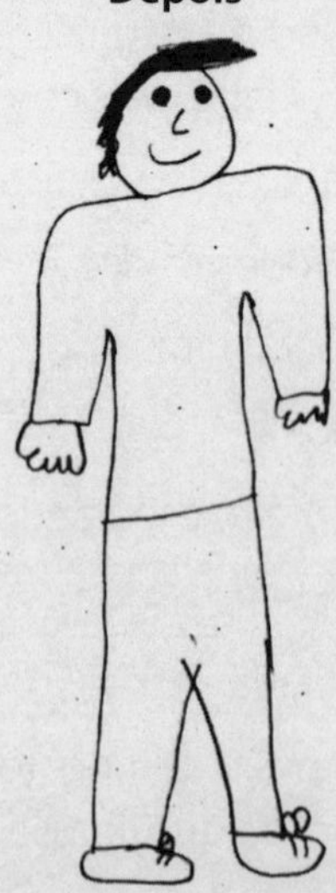

Outro exemplo:

Antes	**Depois**

Você pode fazer o mesmo agora?

Antes	**Depois**

Ensinar os demais

Outras vezes é bom que as crianças lembrem-se das coisas que aprenderam e, por isso, pedimos que escrevam o que ocorreu durante o tratamento, pra que outros com problemas similares o possam ler. Para que se guiassem, demos uma dica:

1. Título
2. O que acontecia?
3. Como foi melhorando?
4. Como você se sente agora?
5. Em que serviu o tratamento e em que não?

A seguir, há um exemplo de um menino de 14 anos que brigava muito com a sua família[1].

"Brigas familiares"

Eu brigava muito com a minha irmã, batia nela se fosse necessário e também brigava algumas vezes com os meus pais. Respondia mal etc. Isto me trazia muitos problemas, pois os meus pais sempre me falavam que não batesse na minha irmã e, por isso, acabava brigando com eles e eles sempre me colocavam de castigo (vivia sempre de castigo). Quando vinha aqui, sempre me faziam fazer técnicas e "chatices" para controlar a braveza e quando as tinha que colocar em prática nas minhas situações de conflito, sempre esquecia, até que, com o tempo e de tanto que insistiram, comecei a melhorar muito devagar.

As técnicas que usamos foram:

- Semáforo: São três luzes: na primeira freie, na segunda pense o que vai fazer frente ao problema, e na terceira reaja.
- Tempo fora: sair da situação e não retornar até estar tranquilo.
- Respiração: respirar para se tranquilizar.
- Dar trela: isto é para aqueles que "chateiam".
- Freezer: digo frases para mim mesmo para me tranquiliar.
- Distração: me distraio para me acalmar.
- Agora me sinto um pouco melhor que antes, mais tranquilo.

▶

[1] N. do A.: "Respeita-se a redação e os conceitos pessoais fornecidos pelo paciente, ainda que tenha sido mudada a linguagem inapropiada".

◄

Foi útil vir aqui e, no lugar de usar as técnicas, usava o que me falavam, que era que se eu não batesse e ficasse tranquilo, depois seria melhor para mim, pois depois estariam ao meu lado. As técnicas não serviram para mim, pois esquecia e nunca as usava.

As técnicas são tediosas. O que serve é que pare e pense o que é melhor para mim. Dar um nome não serve, pois não somos tão estruturados como aqueles que vimos aqui e talvez o faça sem perceber.

Ajuda memória

Este menino também fez um desenho para lembrar todas as técnicas:

Sua vez, faça um resumo com:

1. Título
2. O que acontecia
3. Como foi melhorando
4. Como você se sente agora
5. Para que serviu o tratamento, e para que não serviu

E já que estamos assim, sim, pode fazer um desenho das técnicas, seria muito legal.

Pense que essas coisas muitas vezes podem ser mostradas para os outros, para que aprendam com você.

Caminho para a Fama[2]:

Muitas crianças aproveitam esta parte do tratamento para fazer alguma coisa divertida e que fique de lembrança. Alguns podem compor uma música, outros filmam um vídeo, preparam uma obra de teatro etc. O que interessa é que seja alguma coisa na qual conte como fez para superar o problema pelo qual veio.

[2] Vide: Kendall, P. (2000). Child and adolescent therapy. Treating Anxiety Disorders in Youth. Nova York: The Guilford Press.

Data / /

Pela presente certificamos que

....

concluiu o seu tratamento psicoterapêutico, alcançando com sucesso os seguintes objetivos:

1____

2____

3____

4____

Os abaixo-assinados deixamos registro do orgulho que sentimos pelo sucesso alcançado e acreditamos que será um exemplo para aqueles que no futuro tiverem as mesmas dificuldades.

Mãe:

Pai:

Terapeuta:

Mais vale prevenir do que remediar

É importante que tenha claro que pode acontecer em algum momento de que volte a sentir alguma coisa parecida com o que acontecia antes. Lembre: "Tropeço não é queda". Se isto ocorrer, é uma oportunidade para rever tudo o que aprendeu durante este tempo.

Além disso, como "mais vale prevenir do que remediar", recomendamos que preencha o seguinte quadro:

Se começar a ocorrer:

....

....

....

Tenho que fazer o seguinte:

....

....

....

O que eu NÃO tenho que fazer é:

....

....

....

Lembre-se: sempre poderá voltar a pedir ajuda. Se percebe que tem dificuldade, não hesite em avisar os seus pais ou o seu terapeuta.

Preparando-se para o futuro

É possível que frente a determinadas situações volte a se sentir mal. Seria uma boa ideia que esteja preparado para:

- saber quais situações poderão lhe afetar,
- o que fazer para que não aconteçam (ainda que nem sempre as possa evitar) e
- o que fazer frente a elas.

Situações que poderiam me afetar	Plano de ação para preveni-las	Plano de ação caso ocorram

Exemplos de situações que podem nos alterar: uma prova, uma briga com amigos, discussões com os pais, uma nota ruim na escola, problemas amorosos, doenças, problemas na família etc.

Continuar melhorando

Além de tirar da frente os problemas que tanto nos incomodavam, sempre é bom ver de que modo podemos procurar estar melhor. Essa é a melhor forma de ter menos problemas no futuro. Seria bom que pudesse concluir o trabalho pensando em quais coisas quero me comprometer a melhorar daqui em diante.

Eu, ____

quero me comprometer a melhorar:

1:

2:

3:

4:

5:

APÊNDICE

MANUAIS DE REFERÊNCIA

Dentro da bibliografia em terapia cognitiva e comportamental há diversos manuais direcionados a terapeutas e/ou pacientes que se encontram em tratamento e desejam complementá-lo. Mas são escassas as referências bibliográficas para o trabalho dos terapeutas com os pacientes infanto-juvenis. A seguir fornece-se uma lista de alguns deles.

Prática Clínica:

- Gomar, M., Mandil, J., y Bunge, E. (Comps.). Manual de Terapia Cognitiva Comportamental con Niños y Adolescentes. Editorial: Polemos. Buenos Aires.
- Kendall, P. (2000). Child and adolescent therapy. Nova York London.: Editorial The Guilford Press.
- Friedberg, R., y Mc Clure, J. (2005). Práctica clínica de terapia cognitiva con niños y adolescentes: conceptos esenciales. Barcelona: Paidós.
- Reineke, M., Dattilio, F., & Freeman, A. (1996). Cognitive Theraphy with Children and Adolescents. Nova York: The Guilford Press.
- Petersen, C. & Wainer, R. (2011) Terapias Cognitivo-Comportanentais com Crianças e Adolescentes: Ciência e Arte. Porto Alegre, ArtMed.

Transtorno do estado de ânimo:

- Clarke, G., Lewinsohn, P., y Hyman, H. (1990). Leader´s Manual for Adolescent Groups, Adolescent Coping with Depression Course. Eugene: Castalia Publishing Company.

Transtornos de ansiedade:

- Kendall, P.C. y Kosovsky, R. (2009). El gato valiente, manual para terapeutas. Editorial: Akadia. Buenos Aires.

Transtorno obsesivo compulsivo:

- March, J., y Mulle, K. (1998). OCD in Children and Adolescents. Nova York, London: Editorial The Guilford Press.

Transtornos do comportamento:

- Kendall, P., y Braswell, L. (1993). Cognitive-Behavioral Therapy for Impulsive Children. Nova York: The Guilford Press.

- Barkley, R. A., Murphy, C. R., y Bauermeister, J. J. (1998). Trastorno por Déficit de Atención e Hiperactividad, Manual de Trabajo Clínico. Nova York - London: Editorial The Guilford Press.
- Henggeler, S. W., Schoenwald, S. K., Borduin, C. M., Rowland, M. D., & Cunningham, P. B. (1998). Multisystemic treatment of antisocial behavior in children and adolescents. Nova York: Guilford Press.

Há uma série de autores do contexto hispano-americano que publicaram também interessantes aportes para aqueles que se dedicam à clínica de crianças e adolescentes, como, por exemplo:

- Caballo, V. y Simón, M. Á. (2002). Manual de psicología clínica Infantil y del adolescente. Barcelona: Ediciones Pirámide.
- Caputto, I. (2001). Mis miedos y yo. Buenos Aires: Grupo Editorial Lumen.
- Méndez, F. X. (1998). Miedos y Temores en la infancia. Ayudar a los niños a superarlos. Barcelona: Ediciones Pirámide.
- Pérez Álvarez, Fernández Hermida, Fernández Rodríguez, & Vázquez. (2003). Guía de Tratamientos Psicológicos Eficaces III. Infancia y Adolescencia.Madrid: Ediciones Pirámide.
- Scandar, R. (2000). El niño que no podía dejar de portarse mal. Argentina: Distal S.R.L.
- García, F.S. (2006). Enuresis Nocturna. Causas y Tratamientos. Editorial S.A. Buenos Aires.
- Baringoltz, S. y Levy, R. (2007). Terapia cognitiva del dicho al hecho. Editorial Polemos.Buenos Aires.

EPÍLOGO

Nós, os autores, concordamos que a organização deste livro nos ajudou a aprofundar o nosso aprendizado teórico e prático junto aos pacientes. Ao mesmo tempo que experimentávamos com as fichas de trabalho, os tratamentos tornavam-se mais divertidos, os vínculos mais profundos e produtivos e, portanto, os tratamentos mais eficazes. O mais difícil da confecção do manual foi, curiosamente, dizer o ponto em que a obra tinha acabado.

Acreditamos, neste sentido, que ao enriquecer a interação com as crianças e jovens, a partir destas brincadeiras, contos, métodos, técnicas etc, promovem-se novos aprendizados e novas invenções que dificultam estabelecer um corte provisório em um processo criativo que é gerado e retroalimentado continuamente. Podemos mobilizar no leitor uma experiência análoga? Levará este manual a novos processos criativos contínuos em outros terapeutas junto aos seus pacientes?

Estas foram as principais perguntas que nos motivaram a compartilhar esta obra, aqui e agora, com vocês.

REFERÊNCIAS BIBLIOGRÁFICAS

Achenbach, T. M. (1991). *Integrative guide for the 1991 CBC-L/4-18 years and TRF profiles* Burlinston: University of Vermont Departament of Psychiatry.

Aguilar, G., & Espada del Valle, B. (2002). Terapia de juego cognitivo-conductual. In V. Caballo & V. Simón (Eds.), *Manual de Psicología Clínica Infantil y del Adolescente. Trastornos específicos.* Madri: Ediciones Pirámide.

American Psychiatric Association. (1994). *Diagnostic, Statistical Manual of Mental Disorders. DSM-IV.* Washington: A.P.A. Press.

Bandura, A. (1977). *Social Learning Theory*. Englewood Cliffs, NJ.: Prentice-Hall.

Bandura, A. (1988). Modelo de Causalidad en la Teoría del Aprendizaje Social. In M. Mahoney & A. Freeman (Eds.), *Cognición y Psicoterapia*. Barcelona: Paidós Ibérica.

Barkley, R. A., & Benton, C. M. (2000). *Hijos Desafiantes y Rebeldes*. Barcelona: Ediciones Paidós Ibérica.

Barkley, R. A., Edwards, G. & Robin, A. (1999). Defiant Teens: A Clinicians Manual for Assesment and Family Intervention. Nova York: The Guilford Press.

Barkley, R. A., Murphy, C. R., & Bauermeister, J. J. (1998). *Trastorno por Déficit de Atención e Hiperactividad, Manual de Trabajo Clínico*. Nova York-London: Editorial The Guilford Press.

Beck, A., & Clark, D. (1997). El Estado de la Cuestión en la Teoría y la Terapia Cognitiva. In I. Caro (Ed.), *Manual de Psicoterapias Cognitivas*. Barcelona: Paidós.

Beck, A., Emery, G., & Greenberg, R. (1985). *Anxiety Disorders and Phobias*. Nova York, Basic Books.

Beck, A., Rush, J., Shaw, B., & Emery, G. (1983). *Terapia Cognitiva de la Depresión*. Bilbao: Descleé De Brouwer.

Beck, J. (2000). *Terapia Cognitiva, Conceptos Básicos y Profundización*. Barcelona: Editorial Gedisa.

Birmaher, B. (1996). Childhood and adolescent depression: a review of the past 10 years. (part 1) (Special Article). *Journal of the American Academy of Child and Adolescent Psychiatry*.

Botella, C., & Ballester, R. (1997). *Trastorno de pánico: evaluación y tratamiento*. Barcelona: Martínez Roca.

Botella, C., Baños, M. R., & Perpiñá, C. (2003). *Fobia Social: Avances en la psicopatología, la evaluación y el tratamiento psicológico del trastorno de ansiedad social*. Barcelona: Ediciones Paidós Ibérica.

Brent, D. A., Holder, D., Kolko, D., Birmaher, B., Baugher, M., Roth, C., et al. (1997). A clinical psychotherapy trial for adolescent depression comparing cognitive, family, and supportive therapy. *Arch Gen Psychiatry, 54*(9), 877-885.

Burns, D. (2005). *Sentirse Bien*. Buenos Aires: Paidós.

Burns, D. (2006). *Adiós Ansiedad. Como superar la timidez, los miedos, las fobias y las situaciones de pánico*. Barcelona: Paidós Ibérica.

Caballo, V., & Simón, M. A. (2002). *Manual de Psicología Clínica Infantil y del Adolescente*. Madrid: Ediciones Pirámide.

Caballo, V., & Simón, M. Á. (2002). *Manual de Psicología clínica Infantil y del adolescente*. Barcelona: Ediciones Pirámide.

Caputto, I. (2001). *Mis miedos y yo*. Buenos Aires: Grupo Editorial Lumen.

Clarke, G., Lewinsohn, P., & Hyman, H. (1990). *Leader´s Manual for Adolescent Groups, Adolescent Coping with Depression Course*. Eugene: Castalia Publishing Company.

Craske, M. G., & Barlow, D. H. (2001). Panic Disorder and Agoraphobia. In D. H. Barlow (Ed.), Clinical Handbook of Psychological Disorders, Third Edition: A Step-by-Step Treatment Manual. Nova York: The Guilford Press.

Datillio, F. (2005). The restructuring of family schemas: a cognitive behavior perspective. Journal of Marital and Family Therapy, 31 (1), 15-30.

De Shazer, S. (1986). *Claves para la Solución en Terapia Breve*. Barcelona: Ediciones Paidós Ibérica.

Echeburúa, C. (2001). Eficacia de las terapias psicológicas: de la investigación a la práctica. *Revista internacional de psicología clínica y de la salud.*, *1* (1), 181-204.

Essau, C., & Dobson, K. (1999). Epidemiology of depressive disorders. In C. Essau & F. Petermann (Eds.), *Depressive Disorders in Children and Adolescents: Epidemiology, Course, and Treatment* Northvale, NJ: Jason Aronson.

Figiacone, S., Maisón-Baibiene, J. M., & Gomar, M. (2005). TDAH: Tratamientos disponibles, 2ª parte. *Boletín Neurológico*.

Foa, E., & Wilson, R. (1991). *Venza sus obsesiones*. Barcelona: Ediciones Robinbook, SL.

Freeman, J., Epston, D., & Lobovits, D. (2001). *Terapia Narrativa para Niños*. Barcelona: Paidós.

Friedberg, R., & McClure, J. (2002). *Clinical Practice of Cognitive Therapy with Children and Adolescents. The Nuts and Bolts*. Nova York: The Guilford Press.

García Perez, M. E. (1997). *Rubén, el niño hiperactivo*. Madri: Grupo Albor-Cohs.

Giusti, E. (2000). Programa de orientación y entrenamiento a padres de niños con AD/HD. In E. Joselevich (Ed.), *En Síndrome de Déficit de Atención con o sin Hiperactividad en niños, adolescentes y adultos*. Barcelona: Paidós Ibérica.

Giusti, E., Heydl, P., & Joselevich, E. (2000). AD/HD en la escuela: algunas consideraciones. In E. Joselevich (Ed.), *En Síndrome de Déficit de Atención con o sin Hiperactividad en niños, adolescentes y adultos*. Barcelona: Paidós Ibérica.

Gomar, M., Mandil, J., y Bunge, E. (Comps.). Manual de Terapia Cognitiva Comportamental con Niños y Adolescentes. Editorial: Polemos. Buenos Aires.

Greene, R. & Stuart Ablon, J. (2006). *Treating Explosive Kids*. Nova York-London.: The Guilford Press.

Greenberger, D. & Padesky, C. (1995). Mind over Mood. Change how you feel by changing the way you think. Nova York: The Guilford Press.

Henggeler, S., Schoenwald, S., Borduin, C., Rowland, C., & Cunningham, P. (1998). *Multisystemic Treatment of Antisocial Behavior in Children and Adolescents*. Nova York-Londres: The Guilford Press.

Jacobsen, L. (1994). Interviewing Prepubertal Children About Suicidal Ideation and Behavior. *J. Am. Acad. Child Adolesc. Psychiatry, 4*, 33.

Kagan, J., Reznick, J., & Snidman, N. (1988). Biologycal bases of childhood shyness. *Science, 240*, 167-171.

Keegan, E. (1998). Trastornos de Ansiedad: la perspectiva cognitiva. *Vertex Rev. Arg. De Psiquiatría, IX*, 197-209.

Keegan, E. (2000). *Las aplicaciones de la psicoterapia. Clínica psicológica y psicoterapias. Catedra II*: Universidad de Buenos Aires.

Keegan, E. (2001). La terapia cognitiva. Fundamento teórico, aplicaciones y perspectivas futuras. *Revista Clepios, VII*.(2), 24.

Keegan, E., & Rutsztein, G. (2003). Justo y necesario. *Revista perspectivas bioéticas, 8*.

Kendall, P. (2000). *Child and adolescent therapy*. Nova York Londres.: Editorial The Guilford Press.

Kendall, P., & Braswell, L. (1993). *Cognitive-Behavioral Therapy for Impulsive Children*. Nova York: The Guilford Press.

Kendall, P.C. y Kosovsky, R. (2009). El gato valiente, manual para terapeutas. Editorial: Akadia. Buenos Aires.

Knell, S. (Ed.). (1999). *Cognitive-behavioral play therapy*. Nova York: Kluwer Academic/ Plenum Publishers.

Kovacs, M. (1992). Children's depression inventory. North Tonawanda, NY: Multi-Health Systems.

Lang, P. J. (1978). Anxiety: toward a psychophysiological definition. In Akiskal, H.S., Webb, W.L. (Eds.), Psychiatric Diagnosis: Exploration of Biological Criteria. Spectrum, Nova York, pp, 265-389.

Lewinsohn, P., Hops, H., Roberts, R., Seeley, J., & Andrews, J. (1993). Adolescent psychopathology: I. Prevalence and incidence of depression and other DSMIII-R disorders in high school students. *J Abnorm Psychol, 102*, 133–144.

Linehan, M. (1993). *Skills Training for Treating Borderline Personality Disorder*. Nova York, Londres: The Guilford Press.

Lonigan, C. J., Elbert, J. C., & Johnson, B. S. (1998). Empirically supported psychological interventions for children: an overview. *Journal of child psychology, 27*, 138-145.

March, J. (1995). *Anxiety Disorders in Children and Adolescents*. Nova York, Londres: The Guilford Press.

March, J., & Mulle, K. (1998). *OCD in Children and Adolescents*. Nova York, Londres: Editorial The Guilford Press.

Meichenbaum, D. & Goodman J. (1971). *Training impulsive children to talk themselves: A mean of developing self-control. Journal of Abnormal Psychology, 77*, 115-126.

Méndez, F. X. (1998). *Miedos y Temores en la infancia. Ayudar a los niños a superarlos*. Barcelona: Ediciones Pirámide.

Murray, C., & Lopez, A. (1996). *The Global Burden of Disease: a comprehensive assessment of mortality and disability from diseases, injuries and risk factors in 1990 and projected to 2020*. Cambridge: Harvard University Press.

Nichols, P. (1999). *Clear Thinking Talking Back to Whispering Shadows*. Iowa: River Lights,Publisher.

Ollendick, T. H., & Neville, J. K. (2000). Empirically supported treatments for children and adolescents. In P. Kendall (Ed.), *Child and Adolescent Therapy. Cognitive-behavioral procedures* (Second Edition ed.). Nova York: The Guilford Press.

Organización Mundial de la Salud. (1995). *Trastornos mentales y del comportamiento. Descripciones clínicas y pautas para el diagnóstico. Clasificación Internacional de las Enfermedades, CIE-10*. Ginebra: O.M.S.

Pérez Álvarez, Fernández Hermida, Fernández Rodríguez, & Vázquez. (2003). *Guía de Tratamientos Psicológicos Eficaces III. Infancia y Adolescencia*. Madri: Ediciones Pirámide.

Piaget, J., & Inhelder, B. (1966). *Psicología del Niño*. Madrid: Ediciones Morata.

Rachmann, S. (1996). Evolución de la Terapia Cognitivo Comportamental. In P. Salkovskis & C. Fairburn (Eds.), *Science and Practice of Cognitive Therapy*. Oxford: Oxford University Press.

Reineke, M., Dattilio, F., & Freeman, A. (1996). *Cognitive Theraphy with Children and Adolescents*. Nova York: The Guilford Press.

Rodríguez Biglieri, R., Vetere, G., Bunge, E., & Keegan, E. (2005). Resultado preeliminar de la aplicación de la escala fusión pensamiento acción. *Memorias de la XII Jornada de Investigación. Facultad de psicología U.B.A.*

Rotter, J. B., Chance, J. E., & Phares, E. J. (1972). *Application of a social learning theory of personlity*. Nova York: Holt, Rhinehart & Winston.

Sacco, W., & Beck, A. (1995). *Handbook of depression*. Nova York, Londres: Editorial The Guilford Press.

Safran, J., & Segal, Z. (1994). *El proceso Interpersonal en la Terapia Cognitiva*. Barcelona: Paidós Ibérica.

Scandar, R. (2000). *El niño que no podía dejar de portarse mal*. Argentina: Distal S.R.L.

Seligman, M. E. P. (1995). *The Optimistic Child*. Nova York: Harper.

Seligman, M. E. P. (1998). *Aprenda Optimismo*. Barcelona: Grijalbo.

Shaffer, D. & Waslick, D. (2000). Las Múltiples caras de la Depresión en niños y adolescentes. Barcelona: Ars Medica.

Shapiro, L. (2000). *La inteligencia emocional de los niños*. Buenos Aires: Ediciones Javier Vergara.

Stark, K. D., Hargrave, J., Sander, J., Schonoebelen, S., Simpson, J., Molnar, J., et al (2006). *Treatment of childhood depression*: The ACTION treatment program. In P. C. Kendall (Ed.), Child and adolescent theraphy. Cognitivebehavioral procedures (3rd edition, pp 169-216).

Stern, M. (2002). *Child Friendly Therapy. Biopsychosocial innovations for children and families*. Nova York: W.W. Norton & Company.

Subirá Mendez, D., LLopart Capdevila, O., Grisales Valencia, A., Bassas Bolívar, N., & Tomás Vilaltella, J. (2003). Estrategias terapéuticas en el tratamiento del TOC infanto-juvenil: aspectos psicosociales. *AN. PSIQUIATRIA (Madri), 19*(9), 385-391.

Tomás, J., Bassas, N., & Casas, M. (2005). *Tratamiento cognitivo conductual de los trastornos obsesivos compulsivos en paidopsiquiatría*. Barcelona: Alertes S.A.

Tonod, L., & Baldessarini, R. J. (2001). Suicide: An Overview. En Psychiatry Clinical Manegment Modules http://medsacpe.com. Medscape/psychiatry/ClinicalMgmt/CM.v03/public/index-CM.v03html/.

Treatment for Adolescents with Depression Study, T. A. D. S. (2004). Fluoxetine, cognitive behavioral therapy, and their combination for adolescents with depression: randomized controlled trial. *Journal of the American Medical Association, 292*, 807-820.

Treatment for Adolescents With Depression Study, T. A. D. S. (2005). Demographic and Clinical Characteristics. *J . AM. ACAD. CHILD ADOLESC. PSYCHIATRY, 44*, 1.

Vygotsky, L. S. (1978). *Mind in Society: The development of higher psychological processes.* Cambridge: Harvard University Press.

Wagner, A. P. (2003). Cognitive-Behavioral Therapy for Children and Adolescents with Obsessive-Compulsive Disorder. *Brief Treatment and Crisis Intervention, 3*, 291–306.

Wells, A. (1997). *Cognitive Therapy of Anxiety Disorders. A Practice Manual and Conceptual Guide*. Nova York: John Wiley and Sons.

Wilner, R., & Levy, R. (2000). Terapia Cognitiva en Niños. In S. Baringoltz (Ed.), *Integración de Aportes Cognitivos a la Psicoterapia*. Buenos Aires: Ediciones Lumiere.

Wolpe, J. (1981). Psicoterapia por inhibición recíproca. Bilbao: Desclée de Brouwer.

Wood, J. (2006). Intromisión Parental y Ansiedad por Separación Infantil en una Muestra Clínica. Child Psychiatry Hum Dev 37, 73–87.